Das Recht des Kindes nicht verheirateter Eltern

Abstammung – Sorgerecht – Umgangsrecht –
Namensrecht – Unterhalt

von

Martin Löhnig

Universität Regensburg

ERICH SCHMIDT VERLAG

Die Deutsche Bibliothek – CIP-Einheitsaufnahme

Löhnig, Martin:
Das Recht des Kindes nicht verheirateter Eltern : Abstammung -
Sorgerecht - Umgangsrecht - Namensrecht - Unterhalt / Martin
Löhnig. - Berlin : Erich Schmidt, 2001
   ISBN 3-503-06016-2

ISBN 3 503 06016 2

Dieses Papier erfüllt die Frankfurter Forderungen
der Deutschen Bibliothek und der Gesellschaft für das Buch
bezüglich der Alterungsbeständigkeit und entspricht sowohl den
strengen Bestimmungen der US Norm Ansi/Niso Z 39.48-1992
als auch der ISO Norm 9706.

Satz: multitext, Berlin
Druck: Bitter, Recklinghausen

Für

Professor Dr. Dieter Schwab

mit ganz herzlichem Dank für die Zeit,
die ich an seinem Lehrstuhl verbringen durfte.

Vorwort

Mit der Kindschaftsrechtsreform hat das Bürgerliche Gesetzbuch im Jahre 1998 die Unterscheidung zwischen ehelichen und nichtehelichen Kindern aufgegeben und damit den Auftrag zur Gleichstellung „unehelicher" und „ehelicher" Kinder aus Art. 6 Abs. 5 GG erfüllt.

Trotzdem kennt das BGB noch eine Vielzahl von Regelungen für Kinder nicht verheirateter Eltern, die aus tatsächlichen Gründen notwendig sind. Dieses „Recht des Kindes nicht verheirateter Eltern" wird unter Auswertung der zahlreichen zum neuen Recht ergangenen Rechtsprechung, die bis zum März 2001 berücksichtigt werden konnte, dargestellt. Änderungen, die sich durch das LPartG ergeben, sind bereits berücksichtigt.

Das Buch wendet sich an alle, die mit dem Recht des Kindes nicht verheirateter Eltern in Berührung kommen können: Richter, Rechtsanwälte, Rechtspfleger, Notare, Jugendämter, Rechtsreferendare, Studenten und nicht zuletzt natürlich auch an nicht verheiratete Eltern und ihre Kinder selbst.

Es würde mich freuen, wenn Sie mir Ihre Anregungen zur Verbesserung des Buches zukommen lassen.

Herzlichen Dank für ihre Unterstützung schulde ich Frau Dr. Ute Walter (Regensburg) und Herrn Prof. Dr. Peter Huber (Mainz).

Regensburg, im März 2001   Martin Löhnig

Inhaltsverzeichnis

		Seite	Randnummer
Vorwort		7	
Inhaltsverzeichnis		9	
Abkürzungsverzeichnis		17	
1.	**Einleitung**	19	1
2.	**Die Abstammung des Kindes nicht verheirateter Eltern**	21	2– 67
2.1	Anwendbares Recht	21	3– 6
2.2	Die Zuordnung des Kindes an die Mutter nach deutschem Recht	23	7– 8
2.2.1	Zuordnung durch Geburt	23	7
2.2.2	Änderung der Zuordnung	23	8
2.3	Die Zuordnung des Kindes an den Vater nach deutschem Recht	23	9– 42
2.3.1	Allgemeines	23	9
2.3.2	Die Zuordnung an den Ehemann der Mutter	24	10– 12
2.3.2.1	Wirksame Ehe im Zeitpunkt der Geburt	24	10
2.3.2.2	Versterben des Ehemannes vor der Geburt ..	24	11
2.3.2.3	Geburt nach Anhängigkeit eines Scheidungsverfahrens	25	12
2.3.3	Die Zuordnung durch Anerkennung der Vaterschaft	26	13– 30
2.3.3.1	Allgemeines	26	13
2.3.3.2	Voraussetzungen einer wirksamen Anerkennung	26	14– 20
2.3.3.2.1	Erklärung des Mannes	26	14
2.3.3.2.2	Die Zustimmungen der Mutter und des Kindes	27	15– 16
2.3.3.2.3	Gemeinsame Regelungen für alle Erklärungen	27	17– 19
2.3.3.2.4	Heilung von Mängeln der Anerkennung durch Zeitablauf	29	20
2.3.3.3	Rechtsfolgen der Anerkennung	29	21– 23

Seite Randnummer

2.3.3.4 Feststellungsklage auf (Un-)Wirksamkeit
der Vaterschaftsanerkennung 30 24– 30
2.3.3.4.1 Zuständigkeit 30 25
2.3.3.4.2 Parteien 31 26
2.3.3.4.3 Andere Verfahrensbeteiligte 31 27
2.3.3.4.4 Feststellungsinteresse 32 28
2.3.3.4.5 Begründetheit 32 29
2.3.3.4.6 Rechtsmittel, Prozeßkosten, Gebühren 32 30
2.3.4 Zuordnung durch gerichtliche Feststellung
der Vaterschaft 32 31– 42
2.3.4.1 Allgemeines 32 31
2.3.4.2 Verbund nach § 653 ZPO 33 32
2.3.4.3 Zuständigkeit 33 33
2.3.4.4 Parteien und andere Beteiligte 34 34– 36
2.3.4.5 Begründetheit 35 37
2.3.4.6 Andere Folgen der Vaterschaftsvermutung,
§ 1600d BGB 35 38
2.3.4.7 Rechtsmittel 36 39
2.3.4.8 Finanzierung des Prozesses 36 40– 41
2.3.4.8.1 Prozeßkostenvorschuß 36 40
2.3.4.8.2 Prozeßkostenhilfe 37 41
2.3.4.9 Gebühren 37 42

2.4 Beseitigung der Zuordnung des Kindes an
einen Vater 37 43– 63
2.4.1 Allgemeines 37 43
2.4.2 Die Anfechtung der Vaterschaft 38 44– 62
2.4.2.1 Allgemeines 38 44
2.4.2.2 Zuständigkeit 38 45
2.4.2.3 Parteien und andere Beteiligte 39 46– 48
2.4.2.4 Insbesondere: Die Klagebefugnis des
Ehemannes nach heterologer Insemination .. 40 49– 50
2.4.2.5 Vertretung bei der Anfechtungsklage 41 51
2.4.2.6 Fristen für die Vaterschaftsanfechtung 41 52– 54
2.4.2.7 Die Vaterschaftsvermutung im
Anfechtungsprozeß 43 55– 56
2.4.2.8 Folgen erfolgreicher Anfechtung 44 57– 59
2.4.2.9 Finanzierung des Prozesses 45 60– 61
2.4.2.9.1 Prozeßkostenvorschuß 45 60
2.4.2.9.2 Prozeßkostenhilfe 46 61
2.4.2.10 Gebühren 46 62

Inhaltsverzeichnis

		Seite	Randnummer
2.4.3	Die Restitutionsklage	46	63
2.5	Das Recht des Kindes auf Kenntnis seiner Abstammung	47	64– 67
3.	**Sorge- und Umgangsrecht beim Kind nicht verheirateter Eltern**	49	68–146
3.1	Internationales Sorge- und Umgangsrecht	49	69
3.2	Inhalt des Sorgerechts	50	70– 71
3.2.1	Personen- und Vermögenssorge	50	70
3.2.2	Herausgabeanspruch	50	71
3.3	Alleinsorge der Mutter kraft Gesetzes	51	72– 85
3.3.1	Die Alleinsorge der nicht verheirateten Mutter	51	72
3.3.2	Die Beistandschaft	51	73– 76
3.3.3	Begründung der Alleinsorge des Vaters bei Ausfall der Mutter	53	77– 85
3.3.3.1	Tod der Mutter	53	77
3.3.3.2	Ruhen der mütterlichen Alleinsorge	53	78
3.3.3.3	Entzug der elterlichen Sorge zum Schutz des Kindes	54	79– 81
3.3.3.4	Schutz der gewohnten Umgebung des Kindes bei Tod, Ruhen oder Entzug der Sorge	55	82
3.3.3.5	Getrenntleben der Eltern	56	83– 85
3.3.3.5.1	Sorgerechtsübertragung auf den Vater	56	83
3.3.3.5.2	Ausfall des Vaters, dem die Sorge nach § 1672 BGB übertragen wurde	56	84
3.3.3.5.3	Herstellung gemeinsamer Sorge	57	85
3.4	Gemeinsame Sorge der Eltern	58	86–100
3.4.1	Gemeinsame Sorge durch Heirat	58	
3.4.2	Begründung gemeinsamer Sorge kraft Sorgeerklärung	58	87– 94
3.4.2.1	Allgemeines	58	87
3.4.2.2	Sperrwirkung familiengerichtlicher Entscheidungen	59	88
3.4.2.3	Die Sorgeerklärung	59	89
3.4.2.4	Vertretung bei Abgabe der Sorgeerklärung ..	60	90
3.4.2.5	Form der Sorgeerklärung	61	91
3.4.2.6	Wirkungen	61	92
3.4.2.7	Weitere Hinweise	61	93– 94

		Seite	Randnummer
3.4.3	Ausübung der gemeinsamen Sorge	62	95
3.4.4	Ausfall eines Sorgeberechtigten	63	96– 98
3.4.5	Die gemeinsame Sorge nach Trennung der Eltern	63	99–100
3.5	Alleinsorge nach Trennung der gemeinsam sorgeberechtigten Eltern	65	101–109
3.5.1	Antrag	65	101
3.5.2	Zuständigkeit und Verfahren	65	102
3.5.3	Voraussetzungen für die Übertragung der Sorge	65	103–105
3.5.4	Veränderungen nach Übertragung der Sorge	67	106–109
3.6	Dritte als Inhaber des Sorgerechts: Vormundschaft und Ergänzungspflegschaft .	68	110–116
3.6.1	Vormundschaft	68	111
3.6.2	Ergänzungspflegschaft	69	112–116
3.6.2.1	Allgemeines	69	112
3.6.2.2	Zuständigkeit	69	113
3.6.2.3	Verhinderung des Sorgeberechtigten	70	114
3.6.2.4	Rechtsmittel	71	115
3.6.2.5	Das Ende der Ergänzungspflegschaft	71	116
3.7	Das Umgangsrecht	71	117–129
3.7.1	Umgang des Kindes mit den Eltern	71	117–123
3.7.1.1	Allgemeines	71	117
3.7.1.2	Umgangsregelung durch das Familiengericht	72	118–119
3.7.1.2.1	Zuständigkeit	72	
3.7.1.2.2	Vollstreckbare Regelung	72	119
3.7.1.3	Vermittlungsverfahren	73	120–121
3.7.1.4	Befugnisse des umgangsberechtigten Elternteils	74	122
3.7.1.5	Auskunftsanspruch	74	123
3.7.2	Einschränkung und Entzug des elterlichen Umgangsrechts	74	124–125
3.7.3	Verzicht auf das elterliche Umgangsrecht	75	126
3.7.4	Umgang des Kindes mit anderen Personen ..	76	127–129
3.7.4.1	Personenkreis	76	
3.7.4.2	Kindeswohl	76	128
3.7.4.3	Streitigkeiten	77	129

Inhaltsverzeichnis

		Seite	Randnummer
3.8	Das Verfahren vor dem Familiengericht in Sorgerechts- und Umgangsangelegenheiten .	77	130–146
3.8.1	Zuständigkeit	77	131–136
3.8.1.1	Internationale Zuständigkeit	77	131–133
3.8.1.2	Sachliche Zuständigkeit	78	134
3.8.1.3	Örtliche Zuständigkeit	79	135
3.8.1.4	Funktionelle Zuständigkeit	79	136
3.8.2	Verfahren	79	137–138
3.8.3	Einstweiliger Rechtsschutz	80	139
3.8.4	Rechtsmittel	80	140–141
3.8.4.1	Beschwerde	80	140
3.8.4.2	Weitere Beschwerde	81	141
3.8.5	Vollstreckung (Beugemittel)	81	142–143
3.8.6	Gebühren	82	144
3.8.7	Die Finanzierung des Verfahrens	83	145–146
3.8.7.1	PKV	83	145
3.8.7.2	PKH	83	146
4.	**Der Name des Kindes nicht verheirateter Eltern**	85	147–184
4.1	Anwendbares Recht	85	148
4.2	Der Zuname (Familienname) nach deutschem Recht	86	149–182
4.2.1	Der Geburtsname	86	149–158
4.2.1.1	Geschiedene Eltern	86	150
4.2.1.2	Gemeinsam sorgeberechtigte nicht verheiratete Eltern	86	151–156
4.2.1.2.1	Gemeinsame Bestimmung des Namens	86	
4.2.1.2.2	Bestimmung des Namens durch einen Elternteil	87	152
4.2.1.2.3	Änderung der sorgerechtlichen Verhältnisse	87	153
4.2.1.2.4	Namen, die zur Wahl stehen	88	154
4.2.1.2.5	Zustimmung des Kindes	89	155
4.2.1.2.6	Wirkungen der Namenswahl	89	156
4.2.1.3	Alleinsorge eines Elternteils	89	157–158
4.2.2	Änderungen des Geburtsnamens	90	159–182
4.2.2.1	Erteilung des Namens des nicht sorgeberechtigten Elternteils	90	160–162
4.2.2.1.1	Erklärung des sorgeberechtigten Elternteils .	90	160
4.2.2.1.2	Einwilligung des anderen Elternteils	91	161

13

		Seite	Randnummer
4.2.2.1.3	Einwilligung des Kindes	91	162
4.2.2.2	Namensänderung bei Erwerb gemeinsamer Sorge	92	163–164
4.2.2.3	Namensänderung nach Vaterschaftsanfechtung	93	165–166
4.2.2.4	Namensänderung bei elterlicher Heirat	94	167
4.2.2.5	Namensänderung bei Heirat zwischen einem Elternteil und einem Dritten (Einbenennung)	95	168–181
4.2.2.5.1	Voraussetzungen der Einbenennung	95	169–172
4.2.2.5.2	Ersetzung der Zustimmung des anderen Elternteils	96	173–180
4.2.2.5.2.1	Zuständigkeit des Familiengerichts	96	174
4.2.2.5.2.2	Anhörung der Beteiligten	97	175
4.2.2.5.2.3	Erforderlichkeit für das Kindeswohl	97	176–177
4.2.2.5.2.4	Prozeßkostenhilfe	98	178
4.2.2.5.2.5	Gebühren	98	179
4.2.2.5.2.6	Rechtsmittel	98	180
4.2.2.5.3	Scheidung der Ehe zwischen Elternteil und Drittem	99	181
4.2.2.6	Namensänderung bei Änderung des Elternnamens	99	182
4.3	Die Vornamen nach deutschem Recht	99	183–184
4.3.1	Erteilung des Vornamens	99	183
4.3.2	Änderungen des Vornamens	100	184
5.	**Das Unterhaltsrecht des Kindes und seiner nicht verheirateten Eltern**	101	185–205
5.1	Das Unterhaltsrecht der nicht verheirateten Eltern	101	186–199
5.1.1	Das Unterhaltsrecht der nicht verheirateten Mutter	101	186–197
5.1.1.1	Allgemeines	101	186
5.1.1.2	Zuständigkeit	102	187
5.1.1.3	Unterhaltstatbestände	102	188–193
5.1.1.3.1	Allgemeines	102	188
5.1.1.3.2	Unterhalt während des Mutterschutzes	103	189
5.1.1.3.3	Kosten der Schwangerschaft und Entbindung	103	190

Inhaltsverzeichnis

		Seite	Randnummer
5.1.1.3.4	Unterhalt bei Unfähigkeit zur Erwerbstätigkeit	103	191
5.1.1.3.5	Betreuungsunterhalt	104	192–193
5.1.1.4	Rangfragen	105	194
5.1.1.5	Einstweiliger Rechtsschutz	105	195–197
5.1.2	Das Unterhaltsrecht des nicht verheirateten Vaters	106	198–199
5.1.2.1	Gleichstellung mit der Mutter	106	198
5.1.2.2	Einstweiliger Rechtsschutz	107	199
5.2	Das Unterhaltsrecht des Kindes nicht verheirateter Eltern	107	200–205
5.2.1	Der Unterhaltsanspruch des Kindes	107	200–204
5.2.1.1	Unterhaltstatbestand; Allgemeines	107	200
5.2.1.2	Bedürftigkeit des Kindes	108	201
5.2.1.3	Leistungsfähigkeit der Eltern	108	202
5.2.1.4	Umfang, Höhe und Art des Unterhalts	109	203
5.2.1.5	Prozessuales	110	204
5.2.2	Einstweilige Verfügung beim Unterhalt des Kindes nicht verheirateter Eltern, § 1615o Abs. 1 BGB	111	205
6.	**Das Erbrecht des Kindes nicht verheirateter Eltern**	113	206–207
6.1	Allgemeines	113	206
6.2	Übergangsregelungen	113	207
7.	**Die Staatsangehörigkeit des Kindes nicht verheirateter Eltern**	115	208
Literaturverzeichnis		117	
Stichwortverzeichnis		119	

Abkürzungsverzeichnis

a.A.	andere(r) Auffassung
Abs.	Absatz
a.F.	alte(r) Fassung
AG	Amtsgericht
Anh.	Anhang
Anm.	Anmerkung
Art.	Artikel
BayObLG	Bayerisches Oberstes Landesgericht
Bd.	Band
BeurkG	Beurkundungsgesetz
BGB	Bürgerliches Gesetzbuch
BGBl.	Bundesgesetzblatt
BGH	Bundesgerichtshof
BGHZ	Entscheidungen des Bundesgerichtshofs in Zivilsachen
BNotO	Bundesnotarordnung
BRAGO	Bundesgebührenordnung für Rechtsanwälte
Bt-Drucks.	Bundestagsdrucksache
BVerfG	Bundesverfassungsgericht
BVerfGE	Entscheidung des Bundesverfassungsgerichts
bzw.	beziehungsweise
DNotZ	Deutsche Notarzeitung
EGBGB	Einführungsgesetz zum Bürgerlichen Gesetzbuche
ErbGleichG	Erbrechtsgleichstellungsgesetz
FamNamRG	Familiennamensrechtsgesetz
FamRZ	Zeitschrift für das gesamte Familienrecht
FGG	Gesetz über die Angelegenheiten der freiwilligen Gerichtsbarkeit
FuR	Familie und Recht
G	Gesetz
GBl.	Gesetzblatt
GG	Grundgesetz
GVG	Gerichtsverfassungsgesetz
HKiEntÜ	Haager Übereinkommen über die zivilrechtlichen Aspekte intetrnationaler Kindesentführung

h. M.	herrschende Meinung
Hrsg.	Herausgeber
IPrax	Praxis des Internationalen Privat- und Verfahrensrechts
i. V. m.	In Verbindung mit
JuS	Jurisitsche Schulung
JZ	Juristenzeitung
KG	Kammergericht
KindRG	Kindschaftsrechtsreformgesetz
KindUG	Kindesunterhaltsgesetz
KJHG	Kinder- und Jugendhilfegesetz
KostO	Kostenordnung
LPartG	Lebenspartnerschaftsgesetz
LG	Landgericht
MDR	Monatszeitschrift für Deutsches Recht
MünchKomm	Münchener Kommentar
m. w. N.	mit weiteren Nachweisen
MSÜ	Minderjährigenschutzübereinkommen
n. F.	neue(r) Fassung
NJW	Neue Jursitische Wochenschrift
NJW-RR	NJW Rechtsprechungsreport Zivilrecht
Nr.	Nummer
OLG	Oberlandesgericht
PKH	Prozeßkostenhilfe
PKV	Prozeßkostenvorschuß
PStG	Personenstandsgesetz
RAG	Rechtsanwendungsgesetz
Rn.	Randnummer
RPflG	Rechtspflegergesetz
S.	Seite
SGB VIII	Achtes Buch Sozialgesetzbuch
SorgeRG	Sorgerechtsreformgesetz
SorgeRÜbkAg	Gesetz zur Ausführung von Sorgerechtsübereinkommen
StAG	Staatsangehörigkeitsgesetz
str.	streitig
vgl.	vergleiche
z. B.	zum Beispiel
ZGB	Zivilgesetzbuch
ZPO	Zivilprozeßordnung

1. Einleitung

Bis zu der am 1. April 1998 (ErbGleichG) beziehungsweise 1. Juli 1998 *1*
(KindRG, KindUG, BeistandschaftsG) in Kraft getretenen Kindschaftsrechtsreform hatte ein Kind entweder den Status eines ehelichen oder eines nichtehelichen Kindes. Diese Unterscheidung bezog sich allerdings
lediglich auf das Verhältnis des Kindes zu seinem Vater, vgl. §§ 1591 ff
und §§ 1600a ff BGB a. F. Die Mutter war nur mittelbar von ihr betroffen.
Unterschiede bestanden insbesondere im Abstammungsrecht, §§ 1600a ff
BGB a. F. und 1719 ff BGB a. F., Sorgerecht, §§ 1705 ff BGB a. F., Namensrecht, §§ 1617 f BGB a. F., Unterhaltsrecht, §§ 1615a ff BGB und
Erbrecht, §§ 1934a ff BGB a. F.

Das neue Kindschaftsrecht unterscheidet nicht mehr zwischen ehelichen und nichtehelichen Kindern, um eine Diskriminierung von Kindern,
die außerhalb einer Ehe geboren sind, zu vermeiden und den fast fünfzig
Jahre alten Gleichstellungsauftrag aus Art. 6 Abs. 5 GG endlich zu ver-
wirklichen (dazu auch Schwab Rn. 443 ff). Ob dies überall gelungen ist,
wird sich in den nächsten Jahren zeigen.

An die Frage, ob Eltern verheiratet sind oder nicht, knüpfen sich gleichwohl noch Unterscheidungen, die ihre Ursache in tatsächlichen Gegeben-
heiten haben. Kinder verheirateter Eltern werden regelmäßig in eine sta-
bile elterliche Paarbeziehung hineingeboren, während das Verhältnis
nicht verheirateter Eltern zueinander höchst unterschiedlich sein kann.
Das Spektrum reicht von der eheartigen, stabilen Partnerschaft zwischen
Mutter und Vater bis zur Mutter, die den Kindesvater praktisch nicht
kennt. Deshalb ist es sinnvoll, ein „Recht des Kindes nicht verheirateter
Eltern" vom Recht des Kindes verheirateter Eltern zu unterscheiden.

Im einzelnen sind folgende Besonderheiten hervorzuheben, die unter
Analyse der inzwischen umfangreichen Rechtsprechung zum neuen Kindschaftsrecht erörtert werden sollen:

- Ein Kind verheirateter Eltern wird ohne weiteres dem Ehemann der
  Mutter als Vater zugeordnet, während die Zuordnung eines Kindes
  nicht verheirateter Eltern zu seinem Vater durch einen positiven Akt
  erfolgen muß, § 1592 Nr. 2 und 3 BGB. Eine Legitimation durch nach-
  folgende Heirat sieht das BGB nicht mehr vor (Abschnitt 2.).
- Die Sorge für ein Kind verheirateter Eltern steht den Eltern von der
  Geburt des Kindes an gemeinsam zu, § 1626 Abs. 1 Satz 1 BGB. Für das

Kind nicht verheirateter Eltern ist allein die Mutter sorgeberechtigt, § 1626a Abs. 2 BGB, gemeinsame Sorge kann nur unter bestimmten Voraussetzungen begründet werden, §§ 1626a ff BGB (Abschnitt 3.).

– Das Kind verheirateter Eltern erhält, wenn diese einen gemeinsamen Ehenamen führen, diesen Ehenamen als Geburtsnamen. Führen die Eltern hingegen keinen gemeinsamen Namen, weil sie die Bestimmung eines gemeinsamen Ehenamens unterlassen haben, § 1355 Abs. 1 Satz 1 BGB, oder, was viel häufiger vorkommen dürfte, nicht verheiratet sind, bestehen, abhängig von der Sorgerechtslage, die unterschiedlichsten Möglichkeiten, §§ 1617 ff BGB (Abschnitt 4.).

– Auch das Unterhaltsrecht kennt noch Besonderheiten für das Kind nicht verheirateter Eltern; §§ 1615a ff BGB a.F. sind nicht vollständig aufgehoben worden (Abschnitt 5.).

– Lediglich im Erbrecht ist durch die Streichung der §§ 1934a ff BGB ein völliger Gleichlauf der Regelungen eingetreten. Es sind jedoch verschiedene Übergangsvorschriften zu beachten (Abschnitt 6.).

2. Die Abstammung des Kindes nicht verheirateter Eltern

Die Abstammung hat eine grundlegende statusbegründende Funktion   *2*
(Schwab Rn. 450). Von der Elternstellung hängen entscheidende Rechtswirkungen ab. Deshalb ist vorrangig zu klären, welchen Personen als Mutter und Vater das außerhalb einer Ehe geborene Kind zuzuordnen ist.

Das Abstammungsrecht, §§ 1591 ff BGB, wurde unter Aufgabe der Unterscheidung zwischen ehelicher und nichtehelicher Abstammung durch
das KindRG zum 1. Juli 1998 völlig neu gefaßt. Gleichwohl sind erhebliche Unterschiede geblieben, denn das in einer Ehe geborene Kind wird
automatisch dem Ehemann der Mutter als Vater zugeordnet, während
das außerhalb einer Ehe geborene Kind zunächst keinen Vater hat.

2.1 Anwendbares Recht

Wenn ein Sachverhalt Auslandsberührung aufweist, also beispielsweise   *3*
ein Elternteil ausländischer Staatsbürger ist oder das Kind zweier deutscher Staatsbürger im Ausland geboren wird, ist zunächst zu ermitteln,
nach der Rechtsordnung welchen Staates sich die Abstammung des Kindes bestimmt.

Das deutsche internationale Kindschaftsrecht ist im Zuge der Kindschaftsrechtsreform neu gefaßt worden. Zu beachten ist jedoch, daß die
Neufassung nur für Kinder, die nach dem 1. Juli 1998 geboren worden
sind, gilt, Art. 224 § 1 Abs. 1 EGBGB. Für alle anderen Kinder bleibt das
alte Recht maßgeblich.

Die Abstammung des bis zum 1. Juli 1998 geborenen nichtehelichen   *4*
Kindes richtet sich, soweit keine Rück- oder Weiterverweisung, Art. 4
Abs. 1 EGBGB, stattfindet, nach der Rechtsordnung des Staates, dem die
Mutter im Zeitpunkt der Geburt des Kindes angehört, Art. 20 Abs. 1
Satz 1 EGBGB a. F.

Die Vaterschaft kann wahlweise auch nach dem Recht des Staates, dem
der Vater angehört oder in dem das Kind seinen gewöhnlichen Aufenthalt hat, festgestellt werden, Art. 20 Abs. 1 Satz 3 EGBGB a. F.

Die Frage der Ehelichkeit des Kindes ist selbständig anzuknüpfende
Vorfrage (Staudinger/von Bar/Mankowski Anh. zu Art. 19 EGBGB a. F.
Rn. 52). Ihre Beantwortung richtet sich danach, ob die Kindesmutter

nach der gemäß Art. 19 Abs. 1 EGBGB a.F. in Verbindung mit Art. 14 EGBGB einschlägigen Rechtsordnung verheiratet ist.

Die Anfechtung der Vaterschaft erfolgt nach der Rechtsordnung, der gemäß die Anerkennung stattgefunden hat, Art. 20 Abs. 1 EGBGB a.F.

5   Das neue internationale Kindschaftsrecht (dazu NF/Henrich S. 509 ff) erleichtert die Feststellung der Abstammung von nach dem 1. Juli 1998 geborenen Kindern und kennt die Unterscheidung zwischen ehelichen und nichtehelichen Kindern nicht mehr.

Die Abstammung ist nach dem Recht des Landes zu bestimmten, in dem das Kind gerade seinen gewöhnlichen Aufenthalt hat, Art. 19 Abs. 1 Satz 1 EGBGB. Eine Rück- oder Weiterverweisung auf eine andere Rechtsordnung ist ausdrücklich ausgeschlossen.

Wahlweise kann auch an das Recht des Staates, dem der Elternteil angehört, dem das Kind zugeordnet werden soll, angeknüpft werden, Art. 19 Abs. 1 Satz 2 EGBGB.

Es kann der Fall eintreten, daß ein Kind aufgrund zweier Anerkennungen nach unterschiedlichen Rechtsordnungen mehrere Väter hat, wenn etwa ein Mann nach dem Recht des Kindesaufenthalts, ein anderer nach seinem Heimatrecht die Vaterschaft anerkennt. NF/Henrich S. 512 ff schlägt vor, in diesem Fall der Anknüpfung nach Art. 19 Abs. 1 Satz 1 EGBGB grundsätzlich den Vorrang einzuräumen.

6   Die Anfechtung der Abstammung kann nach den selben Rechtsordnungen wie ihre Bestimmung erfolgen, Art. 20 Satz 1 EGBGB (vgl. z.B. OLG Stuttgart FamRZ 1999, 610). Wenn sich der gewöhnliche Aufenthalt des Kindes zwischen Anerkennung und Anfechtung geändert hat, kann also auch nach dem Recht des jetzigen gewöhnlichen Aufenthalts angefochten werden, Art. 20 Satz 2 EGBGB. Es kommt nicht darauf an, nach welcher Rechtsordnung die Anerkennung tatsächlich erfolgt ist.

Die internationale Zuständigkeit des Gerichts, vor dem gegebenenfalls eine Anfechtungsklage zu erheben ist, richtet sich nach § 640a Abs. 2 ZPO. Danach sind deutsche Gerichte zuständig, wenn eine der Parteien

– die deutsche Staatsbürgerschaft hat, § 640a Abs. 2 Satz 1 Nr. 1 ZPO, oder

– ihren gewöhnlichen Aufenthalt in Deutschland hat, § 640a Abs. 2 Satz 1 Nr. 2 ZPO.

Dieser Gerichtsstand ist nicht ausschließlich, § 640a Abs. 2 Satz 2 ZPO.

2.2 Die Zuordnung des Kindes an die Mutter nach deutschem Recht

2.2.1 Zuordnung durch Geburt

Mutter eines Kindes ist kraft unwiderleglicher gesetzlicher Festlegung die   7
Frau, die es geboren hat, § 1591 BGB.

Das gilt auch dann, wenn die gebärende Mutter etwa aufgrund einer Ei-
oder Embryonenspende, die nach deutschem Recht freilich verboten
sind, §§ 13 c und d AdoptionsvermittlungsG, § 1 EmbryonenschutzG,
nicht die genetische Mutter des Kindes ist (dazu NF/Gaul S. 114 ff;
Schwab Rn. 451) oder als „Leihmutter" ein genetisch fremdes Kind aus-
trägt. Ein Vertrag, mit dem sich eine „Leihmutter" verpflichtet, das von
ihr geborene Kind zur Adoption durch die „Wunscheltern" freizugeben,
ist unwirksam, §§ 13c AdoptionsvermittlungsG, 134 BGB (Palandt/Die-
derichsen § 1590 Rn 20), so daß der gebärenden Mutter nach der Geburt
nicht gegen ihren Willen die Mutterstellung entzogen werden kann.

Die Pflicht zur Anzeige der Geburt beim Standesamt, §§ 16 ff PStG, hat
die Funktion, Zweifel an der Zuordnung des Kindes zu seiner Mutter
nicht aufkommen zu lassen. Sollte ausnahmsweise trotzdem unsicher sein,
wer die Mutter des Kindes ist, kann ein Statusprozeß nach § 640 Abs. 2
Nr. 1 ZPO geführt werden (Erman/Holzhauer § 1591 Rn. 5; a.A. Fam-
RefK/Wax § 1591 Rn. 8). Das Verfahren gleicht dem bei der Vaterschaftsfeststellungsklage (dazu unten 2.3.4).

2.2.2 Änderung der Zuordnung

Wird ein Kind adoptiert, so erlöschen die Verwandtschaftsverhältnisse   8
des Kindes zu den bisherigen Verwandten, § 1755 Abs. 1 Satz 1 BGB, also
auch zu seiner Mutter. Kindesmutter wird die Frau des Ehepaares, das
das Kind adoptiert hat, § 1754 Abs. 1 BGB.

Ein Kind, das einem bestimmten Mann als Vater zugeordnet ist, kann
allerdings nicht durch Adoption an dessen nichteheliche Lebenspartnerin
als Mutter zugeordnet werden, weil nur verheiratete Paare ein Kind gemeinschaftlich adoptieren können, § 1741 Abs. 2 BGB.

2.3 Die Zuordnung des Kindes an den Vater nach deutschem Recht

2.3.1 Allgemeines

§ 1592 BGB zählt abschließend drei Tatbestände der Zuordnung eines   9
Kindes an einen Mann als Vater auf:
– die Ehe mit der Mutter bei der Geburt (Nr. 1),

– die Anerkennung des Kindes durch einen Mann (Nr. 2) und
– die gerichtliche Feststellung der Vaterschaft (Nr. 3).

Sie stehen in einem Exklusivitätsverhältnis zueinander. Besteht eine Vaterschaft, so sind die anderen ausgeschlossen (Hausmann/Hohloch/Holzhauer Rn. 36; Lipp/Wagenitz § 1592 Rn. 8). Das ergibt sich aus § 1594 Abs. 1 BGB beziehungsweise der Rechtskraft eines Urteils, das die Vaterschaft feststellt.

Anders als bisher, vgl. §§ 1719 ff BGB a.F., ist eine Legitimation des Kindes durch spätere Heirat der Eltern nicht mehr vorgesehen. Die Heirat der Eltern ändert vielmehr am rechtlichen Verhältnis des Kindes zu seinem genetischen Vater nichts. Das Kind muß trotz der Heirat der Eltern von seinem Vater anerkannt werden (Schwab Rn. 454).

Eine Zuordnung des Kindes zum nichtehelichen Lebenspartner der Kindesmutter im Wege der Adoption ist nicht möglich, weil nur verheiratete Paare ein Kind gemeinsame adoptieren können, § 1741 Abs. 2 BGB.

2.3.2 Die Zuordnung an den Ehemann der Mutter

2.3.2.1 Wirksame Ehe im Zeitpunkt der Geburt

10 Die Zuordnung eines Kindes an den Ehemann der Mutter als Vater richtet sich nach dem Zeitpunkt der Geburt. Bei zu diesem Zeitpunkt verheirateten Müttern wird unabhängig von der tatsächlichen genetischen Abstammung des Kindes der Ehemann als Vater angesehen, § 1592 Nr. 1 BGB. Auch ein Kind, das aus einem Ehebruch hervorgegangen ist oder durch heterologe Insemination (Befruchtung der mütterlichen Eizelle mit dem Samen eines anderen Mannes als dem des Ehemannes) erzeugt wurde und dessen Eltern somit nicht verheiratet sind, wird dem Ehemann der Mutter zugeordnet.

Die Regelung des § 1592 Nr. 1 BGB kann nicht analog auf nichteheliche Lebensgemeinschaften angewendet werden, weil es hier an einem klaren Anknüpfungspunkt fehlt (NF/Gaul S. 63; Greßmann Rn. 76).

2.3.2.2 Versterben des Ehemannes vor der Geburt

11 Die Zuordnung zum Ehemann der Mutter erfolgt auch, wenn der Ehemann zwar vor der Geburt des Kindes verstorben ist, das Kind aber innerhalb von 300 Tagen nach seinem Tode geboren wird, § 1593 Abs. 1 Satz 1 BGB.

Hat die Mutter in diesem Fall jedoch bereits vor der Geburt erneut geheiratet, wird entgegen der tatsächlichen Wahrscheinlichkeit der neue Ehemann als Vater angesehen, § 1593 Abs. 1 Satz 3 BGB.

Wurde die Vaterschaft des neuen Ehemannes allerdings erfolgreich angefochten (dazu unten 2.4.2), wird das Kind rückwirkend dem verstorbenen Ehemann der Mutter als Vater zugeordnet, § 1593 Abs. 1 Satz 4 BGB.

2.3.2.3 Geburt nach Anhängigkeit eines Scheidungsverfahrens

Die normative Zuordnung (Hausmann/Hohloch/Holzhauer Rn. 34) des *12* Kindes zum Ehemann der Mutter erfolgt gemäß § 1599 Abs. 2 BGB jedoch dann nicht, wenn

– das Kind nach Anhängigkeit eines Scheidungsantrages aber vor Rechtskraft der Scheidung geboren wurde,
– ein anderer Mann spätestens ein Jahr nach Rechtskraft des Scheidungsurteils die Vaterschaft anerkannt hat, § 1599 Abs. 2 Satz 1 BGB i.V.m. §§ 1595, 1596 BGB (Die Anerkennung ist auch schon möglich, während die Ehe noch besteht, ist aber bis zur Rechtskraft der Scheidung schwebend unwirksam, Schwab Rn. 456),
– der vermeintliche Vater (Ehemann) zugestimmt hat, § 1599 Abs. 2 Satz 2 BGB,
– die Mutter zugestimmt hat, §§ 1599 Abs. 2 Satz 2, 1595 Abs. 1 BGB, und
– falls der Mutter die elterliche Sorge insoweit nicht zusteht, auch das Kind zugestimmt hat, §§ 1599 Abs. 2 Satz 2, 1595 Abs. 2 BGB.

Für das Kind erklärt der gesetzliche Vertreter die Zustimmung. Gesetzlicher Vertreter des Kindes ist keinesfalls die Mutter, sondern ein Vormund oder Pfleger, §§ 1773 bzw. 1909 BGB, denn wäre die Mutter Inhaberin des Sorgerechts, wäre die Zustimmung des Kindes nicht erforderlich. Gesetzlicher Vertreter kann hingegen nicht ein Beistand (dazu unten 3.3.2) sein (Schwab Rn. 626 mit Blick auf den Wortlaut des § 1712 Abs. 1 BGB; a.A. Klüsener S. 121).

Die Zustimmungen von Ehemann, Mutter und Kind müssen anders als die Anerkennung durch den genetischen Vater nicht innerhalb der Jahresfrist des § 1599 Abs. 2 Satz 1 BGB erfolgen (OLG Zweibrücken FamRZ 2000, 546).

Diese erleichterte Möglichkeit der Vaterschaftsanfechtung soll auch für Kinder, die vor dem 1. Juli 1998, aber nach Rechtskraft eines Scheidungsurteils geboren sind, gelten, Art. 224 § 1 Abs. 3 EGBGB, § 1599 Abs. 2 BGB (AG Bremen FamRZ 2000, 1031).

2.3.3 Die Zuordnung durch Anerkennung der Vaterschaft

2.3.3.1 Allgemeines

13 Hat ein Kind keinen Vater, weil der Ehegatte der Mutter die Vaterschaft erfolgreich angefochten hat (dazu unten 2.4.2) oder das Kind von einer nicht verheirateten Mutter geboren wurde, kann die Zuordnung zu einem Mann als Vater dadurch geschehen, daß dieser die Vaterschaft anerkennt. Diese Form der Zuordnung kommt nur dann in Betracht, wenn nicht schon eine andere Vaterschaft besteht, § 1594 Abs. 2 BGB.

Wenn das Gesetz von „Anerkennung" spricht, meint es die Anerkennungserklärung des Mannes, die jedoch nur wirksam ist, wenn verschiedene gesetzlich vorgeschriebene Zustimmungen vorliegen (Greßmann Rn. 78).

Auch eine Anerkennung, die wider besseres Wissen um die Vaterschaft eines anderen Mannes erfolgt, ist wirksam (Gernhuber/Coester-Waltjen § 52 I 3).

2.3.3.2 Voraussetzungen einer wirksamen Anerkennung

2.3.3.2.1 Erklärung des Mannes

14 Die Erklärung des Mannes (Anerkennung) ist eine einseitige, nicht empfangsbedürftige Willenserklärung (Schwab Rn. 459), die bedingungs- und befristungsfeindlich ist, vgl. § 1594 Abs. 3 BGB. Nach der alten Rechtslage wurde von der Rechtsprechung (BGH FamRZ 1987, 375) als Ausnahme zugelassen, die Anerkennung von der wirksamen Anfechtung der Vaterschaft des Ehemannes abhängig zu machen. Hieran dürfte sich durch die Neufassung des Abstammungsrechts nichts geändert haben.

Die Anerkennung kann schon vor der Geburt des Kindes erklärt werden, § 1594 Abs. 4 BGB. Das hat den Vorteil, daß die Eltern dann bereits vor Geburt Sorgeerklärungen (dazu unten 3.4.2) abgeben und mit der Meldung der Geburt den Geburtsnamen des Kindes gemeinsam bestimmen (dazu unten 4.2.1.2) können.

So lange die Vaterschaft eines anderen Mannes besteht, ist die Anerkennung schwebend unwirksam; sie kann also mit Entfallen der anderen Vaterschaft – etwa durch ein rechtskräftiges Urteil in einem Vaterschaftsanfechtungsprozeß – ohne weiteres wirksam werden, § 1594 Abs. 2 BGB (Schwab Rn. 460).

26

Durch einseitige, nicht empfangsbedürftige Willenserklärung (Schwab Rn. 466) kann die Anerkennung widerrufen werden, wenn sie ein Jahr nach formwirksamer Abgabe mangels Zustimmung durch die anderen Beteiligten noch nicht wirksam geworden ist, § 1597 Abs. 3 BGB.

2.3.3.2.2 Die Zustimmungen der Mutter und des Kindes

Zur Wirksamkeit der Anerkennung ist die Zustimmung der Mutter erforderlich, § 1595 Abs. 1 BGB. Steht der Mutter die elterliche Sorge für das Kind nicht zu, so ist zusätzlich die Zustimmung des Kindes notwendig, § 1595 Abs. 2 BGB. Das ist also jedenfalls dann der Fall, wenn das Kind volljährig ist.   *15*

Beide Erklärungen sind einseitige, nicht empfangsbedürftige Willenserklärungen (Schwab Rn. 466). Sie sind bedingungs- und befristungsfeindlich, §§ 1595 Abs. 3, 1594 Abs. 3 BGB.

Wie die Anerkennung des Mannes, kann auch die Zustimmung der Mutter schon vor der Geburt des Kindes erfolgen, §§ 1595 Abs. 3, 1594 Abs. 4 BGB.

Die Zustimmung der Mutter ist ihr originäres Recht und deshalb nicht in Ausübung der Sorgezuständigkeit für das Kind abzugeben. Sie ist deshalb nicht durch das Familiengericht nach Maßstäben des Kindeswohls ersetzbar, so daß die Mutter eine Vaterschaftsanerkennung blockieren kann (BT-Drucks 13/4899, S. 54). Freilich bleibt dem Kindesvater in diesem Fall eine Klage auf Feststellung der Vaterschaft, die allerdings im Gegensatz zur Anerkennung erhebliche Kosten mit sich bringen kann (dazu unten 2.3.4). Außerdem kann die Mutter unterdessen der Anerkennung eines anderen Mannes zustimmen und so den leiblichen Vater, der dann nicht zur Anfechtung der Vaterschaft berechtigt ist (dazu unten 2.4.2.3), von seiner Stellung ausschließen, § 1600 BGB (Lipp/Wagenitz § 1595 Rn. 5).   *16*

Auch wenn die Mutter unauffindbar oder verstorben ist, bleibt nur der Weg über das Vaterschaftsfeststellungsverfahren (dazu unten 2.3.4).

2.3.3.2.3 Gemeinsame Regelungen für alle Erklärungen

Gemäß § 1598 Abs. 1 BGB richtet sich die Wirksamkeit sämtlicher zur Anerkennung der Vaterschaft erforderlichen Erklärungen (also auch gegebenenfalls erforderlicher Zustimmungen gesetzlicher Vertreter, NF/Gaul S. 78) ausschließlich nach §§ 1594 ff BGB. Obschon sie Willenserklärungen sind, finden also die Vorschriften aus dem Allgemeinen Teil   *17* keine Anwendung. Es gelten weder §§ 134, 138 BGB, noch ist Anfechtung nach §§ 119 ff, 142 f BGB möglich.

Das Vorliegen eines Restitutionsgrundes, §§ 579 f, 641i ZPO, eines Abänderungsgrundes, § 323 ZPO, und die mißbräuchliche Berufung auf das Anerkenntnis sollen jedoch den Widerruf gestatteten (OLG Brandenburg DAVorm 2000, 59; FA-FamR/Pieper 3/105).

18   Anerkennung, Widerruf der Anerkennung und Zustimmung zur Anerkennung können nur höchstpersönlich erklärt werden, es sei denn, §§ 1596 f BGB ordnen ausnahmsweise das Handeln eines gesetzlichen Vertreters an. Die Abgabe der Erklärungen durch einen gewillkürten Stellvertreter ist jedenfalls ausgeschlossen, §§ 1596 Abs. 4, 1597 Abs. 3 BGB.

Im einzelnen gilt folgendes:

– Für ein Kind, das unter vierzehn Jahre alt ist, kann nur der gesetzliche Vertreter zustimmen. Mit seiner Zustimmung wird die Anerkennung wirksam (OLG Brandenburg FamRZ 2000, 548).

Ab Vollendung des vierzehnten Lebensjahres kann das beschränkt geschäftsfähige Kind die Zustimmung selbst erklären, bedarf aber dazu der Zustimmung des gesetzlichen Vertreters, § 1596 Abs. 2 BGB.

Gesetzlicher Vertreter ist in beiden Fällen nicht die Mutter, sondern ein Vormund oder Pfleger, nicht aber ein vom Vormund beauftragter Beistand (zutreffend Schwab Rn. 626 unter Berufung auf den Wortlaut des § 1712 Abs. 1 BGB, a.A. trotzdem Klüsener S. 121). Wäre die Mutter Inhaberin des Sorgerechts, müßte das Kind nicht zustimmen.

– Sind Mutter oder Vater unter achtzehn Jahre alt und somit nur beschränkt geschäftsfähig, können sie die Erklärung mit Zustimmung ihres gesetzlichen Vertreters, also regelmäßig ihrer Eltern, §§ 1626, 1629 BGB, selbst abgeben, § 1596 Abs. 1 und 2 BGB

– Sind Mutter oder Vater geschäftsfähig, stehen aber unter Betreuung, können sie ohne Mitwirkung des Betreuers die Erklärung selbst abgeben, § 1596 Abs. 3 BGB. Es kann jedoch ein Einwilligungsvorbehalt für Anerkennung oder Zustimmung angeordnet werden; dann ist die Einwilligung des Betreuers zur Wirksamkeit der Erklärung erforderlich, §§ 1596 Abs. 3 a.E., 1903 BGB. Der Betreuer kann die Erklärung jedoch nicht selbst abgeben.

– Stehen volljähriges Kind, Mutter oder Vater unter Betreuung und sind beschränkt geschäftsfähig, so können sie selbst die Erklärung abgeben, bedürfen aber der Zustimmung des Betreuers, §§ 1596 Abs. 1 Satz 1 und 2, Abs. 2 Satz 1, 1902 BGB.

– Stehen volljähriges Kind, Mutter oder Vater unter Betreuung und sind geschäftsunfähig, so kann nur der Betreuer für sie die Erklärung abgeben, § 1902 BGB. Er bedarf hierzu jedoch der Zustimmung des Vormundschaftsgerichts, § 1596 Abs. 1 Satz 3.

Alle für die Wirksamkeit der Anerkennung erforderlichen Erklärungen *19* (also auch eine ggf. erforderliche Zustimmung des gesetzlichen Vertreters) sind öffentlich zu beurkunden, § 1597 Abs. 1 BGB; ansonsten sind sie nichtig, § 125 BGB. Zur Beurkundung sind der Notar, § 20 BNotO, der Standesbeamte, §§ 29a Abs. 1 PStG, 58 BeurkG, die Urkundsperson beim Jugendamt, §§ 59 Abs. 1 Satz 1 Nr. 1 SGB VIII, 59 BeurkG (Vorteil: Es entstehen keine Kosten), das Amtsgericht, §§ 3 Nr. 1 li. F RPflG, 62 Nr. 1 BeurkG, und das Gericht einer anhängigen Vaterschaftsklage, § 641c ZPO, befugt.

§ 1597 Abs. 2 BGB bestimmt, daß die Erklärungen von der beurkundenden Stelle in Abschrift an Vater, Mutter, Kind und Standesbeamten zu übersenden sind. Diese Übersendung ist jedoch kein Wirksamkeitserfordernis (Schwab Rn. 466), sondern dient nur der Information der Beteiligten.

2.3.3.2.4 Heilung von Mängeln der Anerkennung durch Zeitablauf

Unabhängig von den erörterten Voraussetzungen wird die Anerkennung *20* auch dann wirksam, wenn seit ihrer Eintragung in ein deutsches Personenstandsbuch, § 1 Abs. 2 PStG, mehr als fünf Jahre vergangen sind. § 1598 Abs. 2 BGB ermöglicht also eine Heilung von Mängeln bei der Erfüllung der Voraussetzungen aus §§ 1594 ff BGB.

2.3.3.3 Rechtsfolgen der Anerkennung

Obschon die Anerkennung erst mit Vorliegen aller erforderlichen Erklä- *21* rungen wirksam wird, knüpft das Gesetz schon an die Abgabe der Anerkennungserklärung durch den Mann einige Rechtswirkungen. Bereits ab diesem Zeitpunkt ist eine einstweilige Verfügung (Leistungsverfügung) über den Kindesunterhalt für die ersten drei Monate nach der Geburt und den Unterhalt der Mutter nach § 1615l Abs. 1 BGB möglich, § 1615o BGB (dazu unten 5.1.1.3 und 5.2).

Zu beachten ist jedoch, daß an ein Anerkenntnis, das wegen einer noch bestehenden anderen Vaterschaft schwebend unwirksam ist, diese Folgen nicht geknüpft werden können (Lipp/Wagenitz § 1594 Rn. 6).

Mit Vorligen aller erforderlichen Erklärungen tritt die Vaterschaft *22* ohne weiteres ein, § 1594 Abs. 1 BGB. Der Anerkennende gilt von Anfang an als Vater. Die Eintragung im Geburtenbuch, § 29 Abs. 1 PStG, ist keine Wirksamkeitsvoraussetzung (Schwab Rn. 466).

Das bedeutet jedoch nicht, daß alle Rechtswirkungen der Vaterschaft rückwirkend umgestellt würden. § 1594 Abs. 1 BGB ordnet vielmehr an, daß diese Rechtswirkungen, von gesetzlich angeordneten Ausnahmen abgesehen, erst mit Wirksamkeit der Anerkennung eintreten (Schwab Rn. 467). So wird beispielsweise die Sorge für das Kind nicht rückwirkend dem tatsächlichen Vater zugewiesen, wohl aber die Unterhaltspflicht, vgl. § 1613 Abs. 2 BGB.

23   Alle erforderlichen Erklärungen können bereits vor Geburt des Kindes abgegeben werden, so daß bereits vor Geburt des Kindes eine wirksame Anerkennung möglich ist, vgl. § 1594 Abs. 4 BGB. Sie kann bewirken, daß die Vaterschaft des Anerkennenden auch dann bestehen bleibt, wenn die Mutter vor der Geburt des Kindes einen anderen Mann als den Anerkennenden heiratet. Der Vaterschaftstatbestand des § 1592 Nr. 1 BGB ist damit gesperrt (Lipp/Wagenitz § 1594 Rn. 8).

2.3.3.4 Feststellungsklage auf (Un-)Wirksamkeit der Vaterschaftsanerkennung

24   § 640 Abs. 2 Nr. 1 ZPO ermöglicht eine Feststellungsklage mit dem Antrag, daß die Anerkennung der Vaterschaft (un-)wirksam sei (Wieser § 1598 Rn. 1). Das Feststellungsurteil erwächst gegenüber allen Beteiligten am Rechtsverkehr in materielle Rechtskraft.

Darüber hinaus kann innerhalb jedes Prozesses – beispielsweise innerhalb eines Unterhaltsprozesses – inzident die Unwirksamkeit einer Vaterschaftsanerkennung festgestellt werden.

2.3.3.4.1 Zuständigkeit

25   Für die Feststellungsklage besteht eine ausschließliche sachliche Zuständigkeit des Amtsgerichts (Familiengericht), §§ 23a Nr. 1, 23b Abs. 1 Satz 2 Nr. 12 GVG, 621 Abs. 1 Nr. 10 ZPO, das nach den Vorschriften des Kindschaftsprozesses verhandelt, 640 Abs. 2 Nr. 1 ZPO (ZPO-Familiensache).

Die ausschließliche örtliche Zuständigkeit ergibt sich aus § 640a Abs. 1 ZPO:

– Zuständig ist das Gericht, in dem das Kind seinen Wohnsitz oder, wenn ein solcher nicht besteht, seinen gewöhnlichen Aufenthalt hat, § 640a Abs. 1 Satz 1 ZPO.

- Die Mutter kann zusätzlich auch vor dem Gericht ihres Wohnsitzes oder, wenn ein solcher nicht besteht, ihres gewöhnlichen Aufenthaltes klagen, § 640a Abs. 1 Satz 2 ZPO.
- Haben weder Mutter noch Kind einen inländischen Wohnsitz oder gewöhnlichen Aufenthaltsort, ist das Gericht des Wohnortes oder gewöhnlichen Aufenthalts des Vaters zuständig, § 640a Abs. 1 Satz 3 ZPO.
- Hat kein Beteiligter Wohnsitz oder gewöhnlichen Aufenthalt in Deutschland, besteht eine ausschließliche Zuständigkeit des Amtsgerichts (Familiengericht) Berlin-Schöneberg, § 640a Abs. 1 Satz 4 ZPO.

2.3.3.4.2 Parteien

Die Gleichstellung dieser Klage mit der Klage auf Feststellung der Va- *26* terschaft (dazu 2.3.4) in § 640 Abs. 2 Nr. 1 HS 2 ZPO hat zur Folge, daß eine Klage auf Feststellung der (Un-)Wirksamkeit einer Vaterschaftsanerkennung nur zwischen den gleichen Parteien möglich ist wie eine Klage auf Feststellung der Vaterschaft. Der Mann kann demnach gegen das Kind, Kind und Mutter können gegen den Mann klagen. (Zöller/Philippi § 640 Rn. 17).

Das minderjährige Kind wird von seinem gesetzlichen Vertreter, regelmäßig der allein sorgeberechtigten Mutter, § 1626a Abs. 2 BGB (dazu unten 3.3), vertreten, § 52 Abs. 1 ZPO. Auf Antrag der Mutter kann das Kind einen Beistand erhalten, §§ 1712 Abs. 1, 1713 Abs. 1 Satz 1 BGB, der es als gesetzlicher Vertreter im Prozeß allein vertritt, § 53a ZPO (dazu unten 3.3.2).

Hat die Mutter in Abstammungsangelegenheiten das Sorgerecht nicht inne, ist ein Ergänzungspfleger, § 1909 Abs. 1 Satz 1 BGB, zu bestellen.

Stirbt während des Prozesses das klagende Kind oder die klagende Mutter, so kann der jeweils andere Teil den Prozeß weiterführen, § 640g ZPO. Bei dem Tod einer anderen Partei ist das Verfahren in der Hauptsache erledigt, §§ 640 Abs. 1, 619 ZPO.

2.3.3.4.3 Andere Verfahrensbeteiligte

Sind Kind und Mann Prozeßparteien und ist die Mutter am Verfahren *27* auch nicht als gesetzliche Vertreterin des Kindes beteiligt, so ist sie trotzdem zum Verhandlungstermin zu laden, § 640e Abs. 1 Satz 1 BGB; sie kann dem Rechtsstreit als streitgenössische Nebenintervenientin beitreten, §§ 640e Abs. 1 Satz 2, 66 ff. ZPO.

Es ist demnach zu beachten, daß die Mutter als gesetzliche Vertreterin des Kindes dem Rechtsstreit nicht zusätzlich auf seiten des Kindes beitreten kann, weil sie den Prozeß als Vertreterin des Kindes ohnehin so führen kann, wie sie ihn als Partei führen könnte (Wieser § 1598 Rn. 9).

Die gleichen Möglichkeiten hat das Kind im Prozeß der Mutter gegen den Mann, § 640e Abs. 1 ZPO. Das minderjährige Kind wird dabei durch seinen gesetzlichen Vertreter vertreten, § 52 Abs. 1 ZPO.

Verfechten Mutter oder Kind die Wirksamkeit der Vaterschaftsanerkennung, so können sie für den Fall des Unterliegens einem Dritten, den sie dann als Kindesvater ansehen, den Streit verkünden, § 640e Abs. 2 ZPO analog.

2.3.3.4.4 Feststellungsinteresse

28 Das für die Zulässigkeit der Feststellungsklage erforderliche Feststellungsinteresse, § 256 Abs. 1 ZPO, ist dann gegeben, wenn Kläger und Beklagter die Wirksamkeit der Anerkennung unterschiedlich beurteilen.

2.3.3.4.5 Begründetheit

29 Im Rahmen der Begründetheit prüft das Gericht die oben (2.3.3.2) erörterten Voraussetzungen für die Wirksamkeit der Vaterschaftsanerkennung und stellt – je nach Antrag – fest, daß die Anerkennung der Vaterschaft (un-)wirksam sei bzw. weist die Klage als unbegründet ab. Es prüft nicht die genetische Vaterschaft.

2.3.3.4.6 Rechtsmittel, Prozeßkosten, Gebühren

30 Zu Rechtsmitteln, Prozeßkosten und Gebühren kann sinngemäß auf die Ausführungen bei der Vaterschaftsfeststellungsklage verwiesen werden (unten 2.3.4.7 bis 9.).

2.3.4 Zuordnung durch gerichtliche Feststellung der Vaterschaft
2.3.4.1 Allgemeines

31 Ist das Kind nicht schon durch Ehe der Mutter, § 1592 Nr. 1 BGB, oder Anerkennung, § 1592 Nr. 2 BGB, an einen Mann als Vater zugeordnet, kann durch Klage die gerichtliche Feststellung der genetischen Vaterschaft begehrt werden, §§ 1592 Nr. 3, 1600d BGB.

Es handelt sich dabei um eine echte Gestaltungsklage (Schwab Rn. 482; a.A. Hausmann-Hohloch-Holzhauer Rn. 48ff.: Feststellungsklage) in einem besonderen zivilprozessualen Streitverfahren (Kindschaftssache), § 640 Abs. 2 Nr. 1 ZPO, denn erst das rechtskräftige Urteil begründet den rechtlichen Status in Form der Zuordnung von Vater und Kind zueinander mit Wirkung für und gegen alle, § 640h ZPO. Die Rechtswirkungen der Vaterschaft können erst ab dem Zeitpunkt der Rechtskraft des Urteils geltend gemacht werden.

Lebt der Vater nicht mehr, so daß Kind oder Mutter ihn nicht mehr in einem streitigen Verfahren verklagen können, ist ein Feststellungsantrag zu stellen, über den das Familiengericht im FGG-Vefahren, § 621a Abs. 1 Satz 1 ZPO, entscheidet, §§ 1600e Abs. 2 BGB, 55b, 56c FGG. Funktionell zuständig ist der Richter, § 14 Abs. 1 Nr. 3a RPflG. Gleiches gilt beim Tode des Kindes, das dann nicht mehr Prozeßgegner des Vaters sein kann.

2.3.4.2 Verbund nach § 653 ZPO

Im Vaterschaftsfeststellungsprozeß kann zugleich beantragt werden, den Vater zur Zahlung des Regelunterhalts zu verurteilen, §§ 653 Abs. 1 ZPO, 1612a ff BGB.   *32*

Dabei ist der Vater bezüglich seiner Einwendungen gegen den Anspruch beschränkt, § 648 ZPO (vgl. etwa AG Hannover FamRZ 2000, 1433 f; der Einwand dauerhafter Leistungsunfähigkeit soll aber erhoben werden können, OLG Brandenburg FamRZ 2000, 1583).

Die Verurteilung zur Leistung des Unterhalts wird erst mit Rechtskraft des Urteils, das die Vaterschaft feststellt, wirksam, § 653 Abs. 2 ZPO.

2.3.4.3 Zuständigkeit

Sachlich zuständig für die Vaterschaftsfeststellungsklage ist das Amtsgericht, § 23a Nr. 1 GVG, dort die Abteilung für Familiensachen (Familiengericht), §§ 23b Abs. 1 Nr. 12 GVG, 621 Abs. 1 Nr. 10 ZPO. Diese Zuständigkeit ist ausschließlich.   *33*

Die ausschließliche örtliche Zuständigkeit ergibt sich aus § 640a Abs. 1 ZPO:

– Zuständig ist das Gericht, in dem das Kind seinen Wohnsitz oder, wenn ein solcher nicht besteht, seinen gewöhnlichen Aufenthalt hat, § 640a Abs. 1 Satz 1 ZPO.
– Die Mutter kann zusätzlich auch vor dem Gericht ihres Wohnsitzes oder, wenn ein solcher nicht besteht, ihres gewöhnlichen Aufenthaltes klagen, § 640a Abs. 1 Satz 2 ZPO.

– Haben weder Mutter noch Kind einen inländischen Wohnsitz oder gewöhnlichen Aufenthaltsort, ist das Gericht des Wohnortes oder gewöhnlichen Aufenthalts des Vaters zuständig, § 640a Abs. 1 Satz 3 ZPO.

– Hat kein Beteiligter Wohnsitz oder gewöhnlichen Aufenthalt in Deutschland, besteht eine ausschließliche Zuständigkeit des Amtsgerichts (Familiengericht) Berlin-Schöneberg, § 640a Abs. 1 Satz 4 ZPO.

2.3.4.4 Parteien und andere Beteiligte

34   Klageberechtigt sind ausschließlich (Schwab Rn. 469) Vater, Mutter und Kind, § 1600e Abs. 1 BGB. Der Vater kann nur klagen, wenn keine andere Vaterschaft besteht; eine bloße Klage auf Feststellung der genetischen Vaterschaft kann er nicht erheben (OLG Hamm FamRZ 1999, 1365).

Der Mann klagt gegen das Kind und beantragt festzustellen, daß er der Vater des Beklagten sei, Mutter oder Kind klagen gegen den Mann mit dem Antrag festzustellen, daß der Beklagte Vater des Kindes der Klägerin bzw. des Klägers sei. Kollidierende Feststellungsklagen von Mutter und Kind gegen verschiedene Männer verhindert § 640c Abs. 2 BGB, der die Anhängigmachung einer weiteren Vaterschaftsklage bezüglich desselben Kindes verhindert, sobald eine Vaterschaftsklage rechtshängig ist.

Sterben die klagende Mutter oder das klagende Kind vor Rechtskraft des Urteils, kann der jeweils andere Klageberechtigte binnen Jahresfrist das Verfahren aufnehmen, § 640g ZPO. Ansonsten ist das Verfahren in der Hauptsache erledigt, §§ 640 Abs. 1, 619 ZPO.

35   Zu beachten ist, daß die Mutter, soweit ihr die Sorge für das Kind zusteht, wählen kann, ob sie aus eigenem Recht oder als gesetzliche Vertreterin des Kindes, § 1629 Abs. 1 Satz 3 BGB, klagen möchte. Die sorgeberechtigte Mutter ist allerdings jedenfalls verpflichtet, die Klärung der Vaterschaft und damit die Zuordnung des Kindes zu seinem Vater zu betreiben. Verletzt sie diese Pflicht, kann das Familiengericht eingreifen und der Mutter die Sorge für diese Aufgabe entziehen und insoweit einen Ergänzungspfleger bestellen, §§ 1666 Abs. 1, 1909 Abs. 1 Satz 1 BGB.

36   Wenn ein Elternteil oder das Kind nicht Prozeßpartei ist, muß von Amts wegen die Beiladung erfolgen, § 640e Abs. 1 Satz 1 ZPO. Der Beigeladene kann dem Verfahren als streitgenössischer Nebenintervenient beitreten, §§ 640e Abs. 1 Satz 2, 66 ff ZPO. Das gilt jedoch nicht, wenn dieser Elternteil bereits als gesetzlicher Vertreter des Kindes am Verfahren beteiligt ist (Wieser § 1598 Rn. 9).

Mutter oder Kind können einem anderen Mann, den sie für den genetischen Vater des Kindes halten, wenn es der Feststellungsbeklagte nicht sein sollte, den Streit verkünden, § 641e Abs. 2 ZPO.

Auf Antrag der Mutter kann das Kind einen Beistand erhalten, §§ 1712 Abs. 1, 1713 Abs. 1 Satz 1 BGB, der es als gesetzlicher Vertreter im Prozeß allein vertritt, § 53a ZPO (dazu unten 3.3.2.). Ist die Mutter für den Bereich der Vaterschaftsfeststellung nicht personensorgeberechtigt, ist ein Ergänzungspfleger, § 1909 Abs. 1 Satz 1 BGB, zu bestellen.

2.3.4.5 Begründetheit

Die Klage ist begründet, wenn das Gericht von der Vaterschaft des Mannes voll überzeugt ist. Davon ist auszugehen, wenn die Vaterschaft mit an Sicherheit grenzender Wahrscheinlichkeit (BGH FamRZ 1974, 88 geht von 99,85 % aus) feststeht. Klagt beispielsweise das Kind, so trägt es die Beweislast für die Abstammung vom Beklagten. *37*

Nur wenn trotz entsprechender DNA-Gutachten die Vaterschaft nicht zur vollen Überzeugung des Gerichts feststeht, kann auf die Vaterschaftsvermutung des § 1600d BGB zurückgegriffen werden (Lipp/Wagenitz § 1600d Rn. 3). Dann wird derjenige als Vater angesehen, der der Mutter während der Empfängniszeit – also in der Regel zwischen dem dreihundertsten und einhundertachtzigsten Tag vor der Geburt, § 1600d Abs. 3 Satz 1 BGB – beigewohnt hat (zur genauen Berechnung Herlan FamRZ 1998, 1349 ff).

Die Vermutung ist widerleglich und gilt nicht, wenn schwerwiegende Zweifel an der Vaterschaft, § 1600d Abs. 2 BGB, bestehen. Das ist insbesondere dann der Fall, wenn die Mutter während der Empfängniszeit mit mehreren Männern sexuelle Kontakte hatte. Sie gilt auch dann nicht, wenn die Vaterschaft offensichtlich unmöglich ist (FA-FamR/Pieper 3/ 112 und 226).

Zur Widerlegung der Vaterschaftsvermutung des § 1600d BGB ist also nicht der Vollbeweis des Gegenteils erforderlich.

2.3.4.6 Andere Folgen der Vaterschaftsvermutung, § 1600d BGB

An das Eingreifen der Vaterschaftsvermutung nach § 1600d Abs. 2 BGB knüpfen sich jedoch, schon bevor die Vaterschaft ermittelt ist, einige Rechtswirkungen: *38*

– Eine einstweilige Verfügung (Leistungsverfügung) über den Kindesunterhalt jeweils für die ersten drei Monate nach der Geburt und den Unterhalt der Mutter nach § 1615l Abs. 1 BGB kann ergehen, § 1615o BGB (dazu unten 5.1.1.3 und 5.2).

Im Verfahren sind die Tatsachen, die zum Eingreifen der Vaterschaftsvermutung führen, glaubhaft zu machen, §§ 936, 920 Abs. 2 ZPO.

– Nach Einreichung eines PKH-Antrages oder nach Anhängigmachung des Verfahrens können der Kindesunterhalt und der Unterhalt der Mutter bereits durch einstweilige Anordnung geregelt werden, § 641d Abs. 1 BGB (lex specialis zu § 1615o BGB, Zöller/Philippi § 641d Rn. 3; dazu unten 5.1.1.3.).

2.3.4.7 Rechtsmittel

39 Gegen das Urteil des Familiengerichts ist Berufung zum OLG, §§ 511 ZPO, 119 Abs. 1 Nr. 1 GVG, möglich.

Revisionsgericht ist der Bundesgerichtshof, §§ 545 ZPO, 133 Nr. 1 GVG. Die Revision ist jedoch nur möglich, wenn die Berufung vom OLG als unzulässig angesehen wurde oder das OLG die Revision zugelassen hat, §§ 546 f ZPO (BGH FamRZ 1998, 1023).

Gegen die Verurteilung zur Zahlung von Regelunterhalt gemäß § 653 Abs. 1 ZPO können isoliert Rechtsmittel eingelegt werden.

2.3.4.8 Finanzierung des Prozesses

2.3.4.8.1 Prozeßkostenvorschuß

40 Klagt das Kind auf Feststellung der Vaterschaft, hat es gegen den Beklagten, dessen Zuordnung als Vater begehrt wird, keinen PKV-Anspruch, denn dieser Anspruch ist Bestandteil der Unterhaltspflicht, die nur besteht, wenn die Zuordnung zum Mann als Vater bereits besteht (OLG Koblenz FamRZ 1999, 241).

Die Mutter kann hingegen Anspruchsgegnerin des Kindes sein, auch wenn sie ihre Unterhaltspflicht schon durch die Pflege und Erziehung des Kindes, § 1606 Abs. 3 Satz 2 BGB, erfüllt (OLG Köln FamRZ 1999, 792).

Das OLG Koblenz FamRZ 1999, 241 nimmt einen PKV-Anspruch auch gegen die Großeltern als Unterhaltsschuldner an.

Voraussetzung für einen Anspruch auf PKV ist, daß der Rechtsstreit eine persönliche Angelegenheit des Kindes betrifft, was bei Statusverfahren der Fall ist (OLG Hamburg FamRZ 1996, 872), hinreichende Aussichten auf Erfolg hat (vgl. § 114 ZPO) und die Leistung von PKV der Billigkeit entspricht (Dose Rn. 109 ff).

2.3.4.8.2 Prozeßkostenhilfe

Es besteht außerdem die Möglichkeit, PKH zu beantragen, §§ 114 ff   *41*
ZPO, die bei Vorliegen der wirtschaftlichen und persönlichen Voraussetzungen zu gewähren ist, wenn nach summarischer Prüfung des Parteivor-
trags die überwiegende Wahrscheinlichkeit besteht, daß als Ergebnis des
Verfahrens tatsächlich eine Zuordnung des Kindes zu einem Mann als
Vater stattfinden kann. Dabei dürfen, um den Zugang zur Gerichtsbarkeit nicht unzumutbar zu erschweren, die Anforderungen nicht überspannt werden (BVerfG FamRZ 1993, 665). Es müssen also Tatsachen
vorgetragen werden, die eine Vaterschaft des Mannes eher wahrscheinlich als unwahrscheinlich erscheinen lassen. Zum Vermögen des Kindes
gehört auch ein durchsetzbarer PKV-Anspruch (OLG Nürnberg FamRZ
2001, 233)

Obwohl kein Anwaltszwang besteht, ist die Beiordnung eines Rechtsanwalts regelmäßig erforderlich, weil der Statusprozeß von grundlegen-
der persönlicher Bedeutung für die Beteiligten ist, § 121 Abs. 2 Satz 1
ZPO (vgl. OLG Dresden FamRZ 1999, 600).

2.3.4.9 Gebühren

In Kindschaftssachen beträgt der Gegenstandswert regelmäßig 4000 DM,   *42*
§ 12 Abs. 2 Satz 3 GKG. Wird zugleich, § 653 Abs. 1 ZPO, die Zahlung
des Regelbetragsunterhalts, §§ 1612 a ff BGB, begehrt, findet keine Ad-
dierung statt, es ist der höhere Gegenstandswert anzusetzen, § 12 Abs. 3
GKG. Die Rechtsanwaltsgebühren berechnen sich nach §§ 31 ff BRAGO,
die Gerichtskosten nach 1201 ff KV-GKG (Berufung: 1220 ff KV-GKG).

Beim FGG-Verfahren nach dem Tod des Vaters gemäß § 1600e Abs. 2
BGB ist der Gegenstandswert nach § 30 Abs. 2 KostO zu berechnen. Die
Rechtsanwaltsgebühren berechnen sich nach § 118 BRAGO, für die Ge-
richtskosten greift § 94 Abs. 1 Nr. 7 KostO (2. Instanz: § 131 KostO).

2.4 Beseitigung der Zuordnung des Kindes an einen Vater

2.4.1 Allgemeines

Die Zuordnung des Kindes an einen Mann als Vater durch Ehe mit der   *43*
Mutter oder durch Anerkennung kann im Wege der Anfechtungsklage
beseitigt werden, § 1599 Abs. 1 BGB. Die Abänderung der Zuordnung
durch gerichtliche Feststellung der Vaterschaft ist hingegen nur durch
Restitutionsklage möglich, vgl. §§ 580 f bzw. 641i ZPO. Die leichtere Beseitigung der Vaterschaft durch Ehe oder Anerkennung ergibt sich dar-

aus, daß anders als bei gerichtlicher Zuordnung des Kindes bisher keine Überprüfung der genetischen Vaterschaft stattgefunden hat (Hausmann-Hohloch-Holzhauer Rn. 54).

Im Ausnahmefall des § 1599 Abs. 2 BGB ist zur Vermeidung von Anfechtungsklagen (BT-Drucks 13/4899, S. 53) die Änderung der Zuordnung außergerichtlich möglich (dazu oben 2.3.2.3).

Durch die Trennung der nichtehelichen Partner allein verändert sich der Status des Kindes nicht, die Zuordnung zum Vater bleibt unverändert erhalten (Hausmann-Hohloch-Holzhauer Rn. 161 f).

2.4.2 Die Anfechtung der Vaterschaft

2.4.2.1 Allgemeines

44 Die Anfechtung der Vaterschaft ist eine Klage, §§ 1600e Abs. 1, 1600 ff BGB, 640 Abs. 2 Nr. 2 ZPO, auf den gerichtlichen Ausspruch, daß ein bestimmter Mann nicht der Vater des Kindes sei. Über sie wird im besonderen zivilprozessualen Streitverfahren nach §§ 640 ff ZPO verhandelt (Kindschaftssache). Mit Rechtskraft des Gestaltungsurteils (Wieser FamRZ 1998, 1005) ist der personenstandsrechtliche Status zwischen Vater und Kind gelöst, § 640h ZPO, ohne daß dabei mögliche tatsächliche Bindungen zwischen dem Scheinvater und dem Kind berücksichtigt würden (Schwab Rn. 472). Das Kind ist vaterlos (Hausmann-Hohloch-Holzhauer Rn. 40; Schwab Rn. 476: es ist nicht die Feststellung eines neuen Vaters erforderlich).

Lebt der Vater nicht mehr, so daß Kind oder Mutter ihn nicht mehr in einem streitigen Verfahren verklagen können, ist ein Feststellungsantrag zu stellen, über den das Familiengericht im FGG-Vefahren, § 621a Abs. 1 Satz 1 ZPO, entscheidet, §§ 1600e Abs. 2 BGB, 55b, 56c FGG. Funktionell zuständig ist der Richter, § 14 Abs. 1 Nr. 3a RPflG. Gleiches gilt beim Tode des Kindes, das dann nicht mehr Prozeßgegner des Vaters sein kann.

2.4.2.2 Zuständigkeit

45 Sachlich zuständig für die Anfechtungsklage ist das Amtsgericht (Familiengericht), §§ 23a Nr. 1, 23b Abs. 1 Nr. 12 GVG, 621 Abs. 1 Nr. 10 ZPO. Diese Zuständigkeit ist ausschließlich.

Die ausschließliche örtliche Zuständigkeit ergibt sich aus § 640a Abs. 1 ZPO:

– Zuständig ist das Gericht, in dem das Kind seinen Wohnsitz oder, wenn ein solcher nicht besteht, seinen gewöhnlichen Aufenthalt hat, § 640a Abs. 1 Satz 1 ZPO.
– Die Mutter kann zusätzlich auch vor dem Gericht ihres Wohnsitzes oder, wenn ein solcher nicht besteht, ihres gewöhnlichen Aufenthaltes klagen, § 640a Abs. 1 Satz 2 ZPO.
– Haben weder Mutter noch Kind einen inländischen Wohnsitz oder gewöhnlichen Aufenthaltsort, ist das Gericht des Wohnortes oder gewöhnlichen Aufenthalts des Vaters zuständig, § 640a Abs. 1 Satz 3 ZPO.
– Hat kein Beteiligter Wohnsitz oder gewöhnlichen Aufenthalt in Deutschland, besteht eine ausschließliche Zuständigkeit des Amtsgerichts (Familiengericht) Berlin-Schöneberg, § 640a Abs. 1 Satz 4 ZPO.

2.4.2.3 Parteien und andere Beteiligte

Klageberechtigt sind ausschließlich (Schwab Rn. 469) Vater, Mutter und Kind, § 1600e BGB. Der Vater klagt gegen das Kind mit dem Antrag auszusprechen, daß der nicht Vater des Beklagten sei. Mutter oder Kind klagen gegen den Mann und begehren den Ausspruch, daß der Beklagte nicht Vater des Kindes der Klägerin bzw. des Klägers sei.   *46*

Sterben die klagend Mutter oder das klagende Kind vor Rechtskraft des Urteils, kann der jeweils andere Klageberechtigte binnen Jahresfrist das Verfahren aufnehmen, § 640g ZPO. Ansonsten ist das Verfahren in der Hauptsache erledigt, §§ 640 Abs. 1, 619 ZPO.

Aus der abschließenden Aufzählung der klagebefugten Personen in § 1600e BGB ergibt sich, daß der genetische Vater des Kindes nicht anfechtungsberechtigt ist (BGH FamRZ 1999, 716). Er kann also nicht die Zuordnung des Kindes zu einem anderen Vater beseitigen, um anschließend selbst dem Kind als Vater zugeordnet zu werden. An einem Anfechtungsprozeß kann er jedoch als Nebenintervenient teilnehmen, §§ 66 ff ZPO.

Die Mutter ist auch bei ihrer Entscheidung über die Geltendmachung   *47*
ihres eigenen Anfechtungsrechts an das Kindeswohl gebunden, denn es handelt sich dabei um eine maßgeblich Entscheidung gegenüber dem Kind, die zu seinem Wohle zu treffen ist, § 1627 Satz 1 BGB. Ist das Kindeswohl gefährdet, kann das Familiengericht eingreifen, § 1666 Abs. 1 BGB (Lipp/Wagenitz § 1600 Rn. 4; dazu unten 3.3.3.3).

Ob das weite Anfechtungsrecht des Kindes mit dem Recht der Eltern am Schutze ihrer Ehe, Art. 6 Abs. 1 GG, vereinbar ist, wird bezweifelt (vernichtende Kritik am Gesetzgeber bei NF/Gaul S. 103: Radikallösung).

48 Wenn ein Elternteil oder das volljährige Kind nicht Prozeßpartei ist, muß von Amts wegen die Beiladung erfolgen, § 640e Abs. 1 Satz 1 ZPO. Der Beigeladene kann dem Verfahren als streitgenössischer Nebenintervenient beitreten, § 640e Abs. 1 Satz 2 ZPO. Das gilt jedoch nicht, wenn dieser Elternteil bereits als gesetzlicher Vertreter des Kindes am Verfahren beteiligt ist (Wieser FamRZ 1998, 1005).

2.4.2.4 Insbesondere: Die Klagebefugnis des Ehemannes nach heterologer Insemination

49 Der Ehemann, der einer heterologen Insemination – also der Befruchtung eines Eis seiner Frau mit dem Samen eines anderen Mannes – zugestimmt hat, verliert nach Auffassung der Rechtsprechung (zum alten Anfechtungsrecht nach § 1594 BGB a.F. BGH FamRZ 1983, 686; BGH FamRZ 1995, 1272) sein Anfechtungsrecht nicht allein durch diese Zustimmung. Es müssen vielmehr besondere Umstände hinzutreten (vgl. BGH NJW 1995, 2921). Allerdings sieht die Rechtsprechung (BGH NJW 1995, 2028) in einem Vertrag, in dem der Ehemann der Insemination zustimmt, regelmäßig einen Vertrag zugunsten des gezeugten Kindes, der diesem auch dann Unterhaltsansprüche gegen den Ehemann der Mutter gibt, wenn dieser die Vaterschaft erfolgreich angefochten hat. In der Literatur (Schwab Rn. 490) wird diese Auffassung angegriffen. Die Anfechtung sei aufgrund widersprüchlichen Verhaltens jedenfalls rechtsmißbräuchlich, § 242 BGB.

50 War die Anfechtungsklage des Ehemannes erfolgreich, kann der Samenspender mit allen Folgen als Vater festgestellt werden, ihn treffen insbesondere auch Unterhaltsverpflichtungen, vgl. § 1614 Abs. 1 BGB. Vereinbarungen zwischen den „Wunscheltern" und dem Samenspender über eine Freistellung von sämtlichen Unterhaltsverpflichtungen wirken nur im Innenverhältnis zwischen den Vertragspartnern, lassen aber den Unterhaltsanspruch des Kindes unberührt (Schwab Rn 491).

Vereitelt der Arzt, der die Befruchtung vornimmt, die Feststellung der Vaterschaft, indem er Beispielsweise einen „Samencocktail" verwendet oder Unterlagen vernichtet, kann das Kind gegen ihn aus § 823 Abs. 1 BGB vorgehen (Verletzung des allgemeinen Persönlichkeitsrechts aus Art. 1 Abs. 1, 2 Abs. 1 GG)

2.4.2.5 Vertretung bei der Anfechtungsklage

Die Anfechtung der Vaterschaft ist ein höchstpersönliches Rechtsge-   *51*
schäft, § 1600a Abs. 1 BGB. Nur in wenigen Ausnahmefällen ist daher ein
Handeln des gesetzlichen Vertreters zulässig.

Im einzelnen gilt folgendes:

– Ein geschäftsfähiger Betreuter kann die Vaterschaft nur selbst anfechten, § 1600a Abs. 5 BGB.
– Vater oder Mutter, die beschränkt geschäftsfähig sind, können ohne
  Zustimmung ihres gesetzlichen Vertreters die Vaterschaft selbst anfechten, § 1600a Abs. 2 Satz 1 BGB.
– Lediglich im Falle der Geschäftsunfähigkeit von Vater oder Mutter
  muß der gesetzliche Vertreter anfechten, § 1600a Abs. 2 Satz 2.
– Das geschäftsunfähige oder beschränkt geschäftsfähige Kind wird durch
  seinen gesetzlichen Vertreter vertreten, § 1600a Abs. 3 BGB. Damit
  steht die Kindesmutter regelmäßig vor der Wahl, ob sie die Anfechtung
  in eigenem Namen oder im Namen ihres Kindes betreiben möchte; sie
  wird das eigene Recht vorziehen, damit die Kindeswohlprüfung gemäß
  § 1600a Abs. 4 BGB entfällt.

  Ist die Mutter für den Bereich der Vaterschaftsfeststellung nicht personensorgeberechtigt, ist ein Ergänzungspfleger, § 1909 Abs. 1 Satz 1
  BGB, zu bestellen.

– In anderen Fällen ist ein Handeln des gesetzlichen Vertreters (dazu gehört auch der Ergänzungspfleger, OLG Köln FamRZ 2001, 245) nur zulässig, wenn es dem Wohl des Vertretenen dient, § 1600a Abs. 4 BGB.
  Dabei bedarf der gesetzliche Vertreter anders als nach altem Recht keiner vormundschaftlichen Genehmigung, denn das Wohl des Vertretenen wird vom nunmehr zuständigen Familiengericht selbst geprüft.

2.4.2.6 Fristen für die Vaterschaftsanfechtung

Die Vaterschaft kann innerhalb von zwei Jahren, nachdem der Berech-   *52*
tigte Kenntnis von Umständen, die gegen die Vaterschaft sprechen, erlangt hat, angefochten werden, § 1600b Abs. 1 BGB. Diese Frist gilt auch
für die Anfechtung der Vaterschaft nach § 1592 Nr. 2 BGB (OLG Köln
FamRZ 1999, 800). Für jeden Anfechtungsberechtigten läuft eine eigene
Frist. Sie wird durch Rechtshängigkeit der Anfechtungsklage gewahrt,
auch wenn das Verfahren später längere Zeit ruht (OLG Köln FamRZ
2001, 246).

Die Frist beginnt nicht vor der Geburt des Kindes oder vor Wirksamkeit der angefochtenen Anerkennung beziehungsweise Rechtskraft einer Entscheidung nach § 1593 Satz 4 BGB, zu laufen, § 1600b Abs. 2 BGB.

Bei der Prüfung der Kenntnis verfahren die Gerichte großzügig und verlangen dem verständigen Laien keine besonderen Kenntnisse ab (vgl. etwa OLG Karlsruhe FamRZ 2000, 107 f). Nicht erforderlich ist allerdings die Kenntnis von der Nichtvaterschaft selbst.

Die Anfechtungsfrist für die Mutter, die vor dem 1. Juli 1998 kein eigenes Anfechtungsrecht hatte, soll gleichwohl ab Kenntnis der Umstände, die gegen die Vaterschaft sprechen, angelaufen sein (OLG Frankfurt FamRZ 2000, 548).

53   Bei nicht voll geschäftsfähigen Personen, also vor allem dem anfechtungsberechtigten Kind, kommt es für den Fristlauf auf die Kenntnis des gesetzlichen Vertreters an, § 166 I BGB (Lipp/Wagenitz § 1600b Rn. 1). Hat eine Person diese Kenntnis und wird erst später gesetzlicher Vertreter des Kindes, so läuft die Frist erst dann an, wenn die Vertretungsbefugnis hergestellt ist (OLG Köln FamRZ 2001, 245).

Versäumt der gesetzliche Vertreter die Anfechtung, ist das Anfechtungsrecht jedoch nicht verloren:

– Hat der gesetzliche Vertreter eines minderjährigen Kindes die Frist versäumt, beginnt für das volljährig gewordene Kind mit der eigenen Kenntnis der Umstände, die gegen die Vaterschaft sprechen, eine neue Zweijahresfrist zu laufen, § 1600b Abs. 3.

– Daneben beginnt für das volljährige Kind eine weitere Zweijahresfrist zu laufen, wenn es von Umständen erfährt, die eine Vaterschaft unzumutbar werden lassen, § 1600b Abs. 5 BGB. Der Gesetzgeber hat als Beispiel das Kind genannt, das auf Bitten seiner Mutter die Anfechtung unterläßt, um die Ehe der Mutter nicht zu gefährden, aber nach Scheidung der Ehe ein Interesse haben kann, die Vaterschaft anzufechten (BT-Drucks 13/4899, S. 87). Denkbar wäre auch, daß der Mann ein Verhalten an den Tag legt, das Ruf und Lebenschancen des Kindes gefährdet (Schwab Rn. 475).

– Hat der gesetzliche Vertreter eines nicht geschäftsfähigen die Anfechtungsfrist versäumt, läuft mit dem Entfallen der Geschäftsunfähigkeit eine eigene Zweijahresfrist an, § 1600b Abs. 4 BGB.

54   Der Lauf der zweijährigen Anfechtungsfrist kann aus verschiedenen Gründen gehemmt sein:

– Er ist so lange gehemmt, wie sich der Anfechtungsberechtigte durch eine widerrechtliche Drohung an der Anfechtung gehindert fühlen darf, § 1600b Abs. 6 BGB.

– Eine Ablaufhemmung tritt auch bei Stillstand der Rechtspflege, §§ 1600b Abs. 6, 203 BGB, ein. Ist der Stillstand beseitigt, läuft die Frist weiter, § 205 BGB.

– Wenn ein nicht voll Geschäftsfähiger keinen gesetzlichen Vertreter hat und deshalb seine Rechte nicht geltend machen kann, ist der Fristablauf ebenfalls gehemmt, §§ 1600b Abs. 6, 206 BGB.

Dabei ist zu beachten, daß die Frist nicht einfach weiterläuft, wenn ein neuer gesetzlicher Vertreter vorhanden oder volle Geschäftsfähigkeit eingetreten ist. Vielmehr läuft eine Frist von mindestens sechs Monaten an, um dem neuen gesetzlichen Vertreter oder dem geschäftsfähig gewordenen selbst ausreichend Zeit zur Verfolgung seiner Rechte zu geben, § 206 Abs. 1 Satz 1 BGB.

2.4.2.7 Die Vaterschaftsvermutung im Anfechtungsprozeß

Im Anfechtungsprozeß gilt die Vermutung, daß derjenige, der bei der Geburt mit der Mutter verheiratet war, § 1592 Nr. 1 BGB, oder das Kind anerkannt hat, § 1592 Nr. 2 BGB, der Vater sei, § 1600c Abs. 1 BGB. **55**

Diese Vermutung ist vom Anfechtenden zur vollen Überzeugung des Gerichts, § 286 ZPO, zu widerlegen, um der Anfechtungsklage zum Erfolg zu verhelfen (Hausmann-Hohloch-Holzhauer Rn. 39). Das ist nur durch den Vollbeweis der Nichtabstammung möglich, der regelmäßig im Wege entsprechender Gutachten zu erbringen sein wird (Lipp/Wagenitz § 1600c Rn. 2; in Fortführung des Rechtsgedankens aus § 1599 Abs. 2 BGB ist die Einholung eines Gutachten aber ausnahmsweise nicht erforderlich, wenn Mutter, Scheinvater und mutmaßlicher genetischer Vater in einer förmlichen Beweisaufnahme übereinstimmende Angaben zur Vaterschaft machen, AG Hannover FamRZ 2001, 245). Zwar hat der Anfechtende keine subjektive Beweispflicht, weil das Gericht im Abstammungsprozeß die Beweisaufnahme von Amts wegen Anordnet, §§ 640, 616 Abs. 1 ZPO, er trägt aber trotzdem die Beweislast und unterliegt also, wenn die Nichtabstammung nicht erwiesen ist (Hausmann-Hohloch-Holzhauer Rn. 39).

Die Vaterschaftsvermutung aus § 1600c Abs. 1 BGB gilt jedoch dann nicht, wenn die Anerkennungserklärung des Mannes unter einem Willensmangel nach § 119 I BGB oder § 123 BGB leidet, § 1600c Abs. 2 Halbsatz 1. Der anerkennende Mann muß sich also im Irrtum über den Inhalt seiner Anerkennungserklärung befunden haben oder eine solche Erklärung nicht abgeben haben wollen oder – was viel häufiger vorkommt – bedroht oder getäuscht worden sein. **56**

Die Willensmängel aus dem Allgemeinen Teil geben also keinen eigenen Anfechtungsgrund, verändern aber die Beweislast: es ist nunmehr so zu Verfahren, als bestünde keine Vaterschaft und es wäre Klage auf positive Vaterschaftsfeststellung eingereicht worden. In diesem Fall gilt die Vermutung, die auch im Rahmen der Klage auf Feststellung der Vaterschaft gilt, §§ 1600c Abs. 2 Halbsatz 2, 1600d BGB. Diese Vermutung muß nicht durch Vollbeweis widerlegt werden; es genügt vielmehr, wenn sie durch schwerwiegende Zweifel erschüttert wird (dazu oben 2.3.4.4).

2.4.2.8 Folgen erfolgreicher Anfechtung

57 Wenn das Gericht zu dem Ergebnis kommt, daß der Mann, der bislang aufgrund Ehe mit der Mutter oder Anerkennung Vater des Kindes war, tatsächlich nicht der genetische Vater des Kindes ist, wird die Vaterschaft mit allen Rechtswirkungen rückwirkend beseitigt (Schwab Rn. 477).

Es besteht die Möglichkeit der Änderung des Kindesnamens, § 1617b Abs. 2 BGB (dazu unten 4.1.2.3). Außerdem entfallen insbesondere ein mögliches Erbrecht des Kindes (dazu unten 6.) nach dem Vater oder seinen Verwandten und der rechtliche Grund für Unterhaltsleistungen des Scheinvaters an das Kind.

Der Scheinvater kann den geleisteten Unterhalt kondizieren, § 812 Abs. 1 Satz 1 Alt. 1 BGB. Das Kind wird sich jedoch regelmäßig auf Entreicherung, § 818 Abs. 3 BGB, berufen können, weil das Geld verbraucht ist (vgl. BGH FamRZ 1981, 30).

58 Effektiver ist ein Regreßanspruch des Scheinvaters gegen den wirklichen Vater. Dafür ist aber erforderlich, daß dessen Vaterschaft anerkannt oder festgestellt wurde; die Berufung auf diese Voraussetzung kann im Einzelfall gegen Treu und Glauben verstoßen, etwa dann, wenn die Vaterschaft des Anspruchsgegners im Anfechtungsprozeß schon mit einer Wahrscheinlichkeit von 99,99 % erwiesen wurde, der wirkliche Vater die Vaterschaft auch nicht bestritten, sich aber dem Scheinvater gegenüber auf das formale Fehlen seiner rechtskräftigen Zuordnung als Kindesvater beruft (OLG Düsseldorf FamRZ 2000, 1032).

Im einzelnen sind folgende Ansprüche denkbar:

– Ein Anspruch aus GoA, §§ 677, 683, 670 BGB, auf Aufwendungsersatz, wird nur selten gegeben sein, weil der Scheinvater bei der Unterhaltsleistung mit Fremdgeschäftsführungswillen gehandelt haben müßte.

– Regelmäßig wird ein Abspruch aus Rückgriffskondiktion, § 812 Abs. 1 Satz 1 Alt. 2 BGB (Nichtleistungskondiktion), vorliegen.

– Für einen Anspruch aus § 826 BGB ist erforderlich, daß der wahre Vater den Vorsatz hatte, den Scheinvater zu schädigen, was kaum nachweisbar sein wird.

– Außerdem besteht ein Anspruch aus übergegangenem Recht, denn der Anspruch des Kindes auf Unterhalt gegen den wirklichen Vater, der allerdings dann durch Anerkenntnis oder rechtskräftiges Feststellungsurteil feststehen muß, geht auf den vermeintlichen Vater über, § 1607 Abs. 3 Satz 2 (cessio legis). Die Sperre des § 1613 BGB, der Unterhalt für die Vergangenheit ausschließt, entfällt, § 1613 Abs. 2 Nr. 2a BGB. Auch die Kosten des Anfechtungsverfahrens nach § 93c ZPO können nach § 1607 Abs. 3 Satz 2 BGB analog verlangt werden (Schwab Rn. 478).

Schließlich kommt auch ein Schadenersatzanspruch gegen die Mutter *59* kommt in Betracht, wenn diese dem Scheinvater bewußt vorgespiegelt hat, das Kind stamme von ihm oder sie habe während der Empfängniszeit mit keinem anderen Mann sexuelle Kontakte gehabt (OLG Hamm MDR 1999, 42), § 823 Abs. 2 BGB in Verbindung mit § 263 StGB; § 826 BGB.

2.4.2.9 Finanzierung des Prozesses

2.4.2.9.1 Prozeßkostenvorschuß

Ficht das Kind die Vaterschaft an, ist der Beklagte noch Vater des Kindes *60* und daher Schuldner eines PKV-Anspruches (vgl. OLG Koblenz FamRZ 1997, 679). Er ist – jedenfalls für das minderjährige Kind – Bestandteil der Unterhaltspflicht aus §§ 1601, 1610 BGB (Schwab/Borth IV 65; zum volljährigen Kind OLG Hamm FamRZ 2000, 255; Dose Rn. 107) und kann deshalb bei Erfolg der Anfechtungsklage zurückgefordert werden (dazu oben 2.4.2.8).

Auch die Mutter kann Anspruchsgegnerin sein, selbst dann wenn sie ihre Unterhaltspflicht schon durch die Pflege und Erziehung des Kindes, § 1606 Abs. 3 Satz 2 BGB, erfüllt (OLG Köln FamRZ 1999, 792).

Das OLG Koblenz FamRZ 1999, 241 nimmt einen PKV-Anspruch auch gegen die Großeltern als Unterhaltsschuldner an.

Voraussetzung ist, daß der Rechtsstreit eine persönliche Angelegenheit des Kindes betrifft, hinreichende Aussichten auf Erfolg hat (vgl. § 114 ZPO) und die Leistung von PKV der Billigkeit entspricht (Dose Rn. 109 ff). Statusangelegenheiten sind persönliche Angelegenheiten in diesem Sinne (vgl. OLG Hamburg FamRZ 1996, 872).

2.4.2.9.2 Prozeßkostenhilfe

61 Es besteht außerdem die Möglichkeit, PKH zu beantragen, §§ 114 ff
ZPO, die bei Vorliegen der wirtschaftlichen und persönlichen Voraussetzungen zu gewähren ist, wenn nach summarischer Prüfung des Parteivor-
trags die überwiegende Wahrscheinlichkeit besteht, daß als Ergebnis des
Verfahrens die Beseitigung der Vaterschaft stattfinden wird. Dabei dürfen, um den Zugang zur Gerichtsbarkeit nicht unzumutbar zu erschweren,
die Anforderungen nicht überspannt werden (BVerfG FamRZ 1993,
665). Es müssen also Tatsachen vorgetragen werden, die eine Vaterschaft
des gegenwärtigen Vaters eher unwahrscheinlich als wahrscheinlich erscheinen lassen. Außerdem ist die Rechtzeitigkeit der Anfechtung vorzu-
tragen. Zum Vermögen des Kindes gehört auch ein durchsetzbarer PKV-
Anspruch.

Obwohl kein Anwaltszwang besteht, ist die Beiordnung eines Rechtsanwalts regelmäßig erforderlich, weil der Statusprozeß von grundlegen-
der persönlicher Bedeutung für die Beteiligten ist, § 121 Abs. 2 Satz 1
ZPO (vgl. OLG Dresden FamRZ 1999, 600).

2.4.2.10 Gebühren

62 In Kindschaftssachen beträgt der Gegenstandswert regelmäßig 4000 DM,
§ 12 Abs. 2 Satz 3 GKG. Die Rechtsanwaltsgebühren berechnen sich nach
§§ 31 ff BRAGO, die Gerichtskosten nach 1201 ff KV-GKG (Berufung:
1220 ff KV-GKG).

Beim FGG-Verfahren nach dem Tod des Vaters gemäß § 1600e Abs. 2
BGB ist der Gegenstandswert nach § 30 Abs. 2 KostO zu berechnen. Die
Rechtsanwaltsgebühren berechnen sich nach § 118 BRAGO, für die Ge-
richtskosten greift § 94 Abs. 1 Nr. 7 KostO (2. Instanz: § 131 KostO).

2.4.3 Die Restitutionsklage

63 Ist die Vaterschaft durch rechtskräftiges Urteil gerichtlich festgestellt
worden (dazu oben 2.3.4), kann eine Abänderung nur noch im Wege der
Restitutionsklage erfolgen. Zuständig für diese Klage ist regelmäßig das
Gericht, das das angegriffene Urteil erlassen hat, § 584 ZPO. Sie ist auf
ein prozessuales Gestaltungsurteil, das das frühere rechtskräftige Urteil
rückwirkend aufhebt, gerichtet (Aufhebung). Anschließend wird der
Rechtsstreit neu entschieden (Ersetzung).

Voraussetzung für die Aufhebung des Urteils ist das Vorliegen eines
Nichtigkeits- oder Restitutionsgrundes nach §§ 579 f ZPO. § 641i ZPO
erweitert den Katalog um den Grund, daß die Partei ein neues Gutachten

über die Vaterschaft vorlegt, das allein oder in Verbindung mit den in dem früheren Verfahren erhobenen Beweisen eine andere Entscheidung herbeigeführt haben würde. Diese Fälle sind heute freilich denkbar selten.

Ist der Vater verstorben, kann die Restitution entsprechend § 1600e Abs. 2 BGB nur im familiengerichtlichen Beschlußverfahren der freiwilligen Gerichtsbarkeit stattfinden (OLG Celle FamRZ 2000, 1510). Zuständiges Gericht ist das Gericht der freiwilligen Gerichtsbarkeit, das derjenigen Tatsacheninstanz entspricht, die das Urteil erlassen hat (OLG Celle FamRZ 2000, 1510; a.A. KG FamRZ 1998, 382).

2.5 Das Recht des Kindes auf Kenntnis seiner Abstammung

Genetische und rechtliche Vaterschaft können auseinanderfallen. Das ist etwa dann der Fall, wenn ein Ehebruchskind kraft § 1592 Nr. 1 BGB dem Ehemann zugeordnet wird und niemand diese Zuordnung korrigieren möchte. In Sonderfällen, zum Beispiel bei Ei- oder Embryonenspende, können auch genetische und rechtliche Mutterschaft auseinanderfallen (dazu oben 2.2). *64*

Das Bundesverfassungsgericht hat in mehreren Entscheidungen (BVerfG FamRZ 1989, 255; BVerfG FamRZ 1994, 881; BVerfG FamRZ 1997, 869) aus Art. 1 Abs. 1, 2 Abs. 1 GG ein höchstpersönliches Recht des Menschen auf Kenntnis seiner genetischen Abstammung hergeleitet. Zur Durchsetzung dieses Anspruchs sind mehrere Wege denkbar.

Nach neuem Recht hat das Kind ein eigenes Recht auf Anfechtung der Vaterschaft und kann nach erfolgreicher Beseitigung der Scheinvaterschaft die Feststellung der genetischen Vaterschaft durch Klage, § 1592 Nr. 3 BGB, betreiben (dazu oben 2.3.4). Der Preis für die Kenntnis der eigenen Abstammung ist damit jedoch die Beseitigung des eigenen familienrechtlichen Status (Schwab Rn. 493). *65*

Eine Statusklage auf Feststellung der genetischen Mutterschaft nach § 640 Abs. 2 Satz 1 ZPO ist nicht möglich. Die Mutterschaft nach § 1591 BGB kann nicht beseitigt werden, zwischen nur genetischer Mutter und Kind kann nach deutschem Recht kein Eltern-Kind-Verhältnis bestehen. *66*

Ob eine Klage auf Feststellung der Abstammung nach § 256 ZPO möglich ist, erscheint fraglich. Auch dagegen wird eingewendet, zwischen nur genetischer Mutter und Kind könne kein Rechtsverhältnis bestehen (NF/Gaul S. 118; Schwab Rn. 494). Zur Feststellung der Vaterschaft gibt das Gesetz andere Möglichkeiten.

Der Gesetzgeber scheint hinsichtlich der Feststellung der genetischen Abstammung von einer anderen Frau als der Mutter eine solche Klage, die dann freilich keinerlei Rechtsfolgen für das Eltern-Kind-Verhältnis zwischen Kind und Mutter nach § 1591 BGB hätte, für möglich zu halten (BT-Drucks. 13/4899, S. 83).

67 Das Kind kann sein Recht jedoch im Wege einer Auskunftsklage aus § 1618a BGB gegen seine Eltern, insbesondere die Mutter, durchsetzen (BVerfG FamRZ 1989, 255; BVerfG FamRZ 1994, 881; BVerfG FamRZ 1997, 869). Dabei ist zu beachten, daß die Eltern nur dann zur Auskunft verpflichtet sind, wenn das Kindesinteresse an der Kenntnis der Abstammung das Elterninteresse an der Geheimhaltung (geschützte Intimsphäre, Art. 1 Abs. 1, 2 Abs. 1 GG) überwiegt (vgl. LG Bremen FamRZ 1998, 1039; LG Münster FamRZ 1999, 1441).

Die Auskunftsklage ist keine Kindschaftssache im Sinne der §§ 640 ff ZPO. Die Leistungsklage auf Auskunft wird vielmehr im gewöhnlichen zivilprozessualen Verfahren vor dem nach allgemeinen Regeln, §§ 12 ff ZPO, zuständigen Gericht zu verhandeln sein (vgl. OLG Hamm FamRZ 2000, 36).

Das Urteil, in dem beispielsweise die Mutter zur Nennung des genetischen Vaters verurteilt wird, ist nach § 888 Abs. 1 ZPO vollstreckbar (OLG Bremen DAVorm 1999, 722). Verweigert sich die Mutter, so kommt auch ein Teilentzug ihres Sorgerechts in Betracht, § 1666 Abs. 1 BGB, um auf andere Weise eine Klärung der Vaterschaft zu erreichen (FA-FamR/Pieper 3/83).

3. Sorge- und Umgangsrecht beim Kind nicht verheirateter Eltern

Im Rahmen des Sorgerechts macht es noch immer einen erheblichen Unterschied, ob ein Kind von verheirateten oder nicht verheirateten Eltern geboren wird. Im ersten Fall sind beide Eltern sorgeberechtigt, § 1626 BGB, im zweiten nur die Mutter, § 1626a Abs. 2 BGB.   *68*

Im folgenden Abschnitt wird zunächst das materielle Sorge- und Umgangsrecht geschildert und anschließend das Verfahren in Angelegenheiten der Sorge und des Umgangs dargestellt.

3.1 Internationales Sorge- und Umgangsrecht

Bei Sachverhalten mit Auslandsberührung ist zu ermitteln, nach dem Recht welchen Staates sich die Wirkungen des Eltern-Kind-Verhältnisses, also beispielsweise das Sorge- und Umgangsrecht, richten.   *69*

Überragende Bedeutung hat hier das Haager Übereinkommen über die Zuständigkeit der Behörden und das anzuwendende Recht auf dem Gebiete des Schutzes von Minderjährigen (MSA).

Es bezieht sich auf alle Maßnahmen zum Schutz von Person und Vermögen Minderjähriger im weitesten Sinne, Art. 1 MSA. Wer Minderjähriger ist, bestimmt sich nach dem Recht des Staates, in dem die fragliche Person ihren gewöhnlichen Aufenthalt hat, Art. 12 MSA. Das MSA gilt für alle Personen, die sich in einem Mitgliedsstaat aufhalten, Art. 13 MSA (Text und Auflistung der Mitgliedsstaaten finden sich in der aktuellen Fassung jeweils bei Palandt/Heldrich Art. 24 EGBGB Anh. 1).

Art. 2 MSA bestimmt, daß das jeweils zuständige Gericht sein eigenes Recht anzuwenden hat; welche Rechtsordnung einschlägig ist, richtet sich also nach der internationalen Zuständigkeit in Sorge- und Umgangssachen, dazu ausführlich unten 3.8.1.1.

Ist das MSA nicht einschlägig, so unterliegt das Rechtsverhältnis zwischen Eltern und Kind nach Art. 21 EGBGB dem Recht des Staates, in dem das Kind seinen gewöhnlichen Aufenthalt hat. Durch einen Wechsel des Aufenthalts kann sich also die Sorgerechtslage verändern (NF/Henrich S. 518 f).

3.2 Inhalt des Sorgerechts

3.2.1 Personen- und Vermögenssorge

70 Das Sorgerecht umfaßt die Personen- und Vermögenssorge. Das Sorgerecht ist ein „Sonstiges Recht" im Sinne des § 823 I BGB.

Mit Personensorge, §§ 1626 Abs. 1 Satz 1, 1631 BGB, sind Pflege und Erziehung des Kindes gemeint. Sie äußert sich in faktischem und rechtsgeschäftlichem (gesetzliche Vertretung, § 1629 BGB) Handeln. Der oder die Inhaber des Sorgerechts haben die Leitungsautorität gegenüber dem Kind, können seinen Aufenthalt und Umgang bestimmen, § 1631 Abs. 1 BGB, (Schwab Rn 538 ff) und sind beispielsweise für die Namensgebung (dazu unten 4.), ärztliche Betreuung, schulische und berufliche Ausbildung (BGH FamRZ 2000, 420), Aufsicht oder Freizeitgestaltung des Kindes zuständig. Der Wohnsitz des Kindes befindet sich an seinem/ihrem Wohnsitz, §§ 7 Abs. 1, 11 Satz 1 und 2 BGB.

Entwürdigende Erziehungsmaßnahmen, insbesondere seelische oder körperliche Mißhandlungen, sind unzulässig (zum zivilrechtlichen Schutz gegen häusliche Gewalt Schwab FamRZ 1999, 1317 ff).

Die Vermögenssorge zielt auf die Erhaltung, Vermehrung und Verwendung des Vermögens im Kindesinteresse (Schwab Rn. 606).

3.2.2 Herausgabeanspruch

71 Mit dem Recht des Sorgerechtsinhabers, den Aufenthalt des Kindes zu bestimmen, § 1631 Abs. 1 BGB, korrespondiert ein familienrechtlicher Herausgabeanspruch gegen jeden, der das Kind an einem anderen als vom Sorgeberechtigten gewünschten Ort festhält, § 1632 Abs. 1 BGB („widerrechtliches Vorenthalten").

Überdies können auch Gegenstände, die zum persönlichen Gebrauch des Kindes bestimmt sind, im Wege einstweiligen Rechtsschutzes sofort herausverlangt werden, § 50d FGG.

Dabei ist jedoch zu beachten, daß das HKÜ (dazu unten 3.8.1.1.1) insoweit spezielle Regelungen für Sachverhalte mit Auslandsberührung enthält.

Anspruchsinhaber sind der/die Inhaber der elterlichen Sorge, soweit ihnen das Recht zusteht, den Aufenthalt des Kindes zu bestimmen, § 1631 Abs. 1 BGB (AG Bad Iburg FamRZ 2000, 1036), also

– ein Elternteil,

50

– beide Eltern gemeinsam (sind sich die Eltern nicht einig, muß eine Entscheidung nach § 1628 BGB herbeigeführt werden, dazu unten 3.4.3), oder

– ein Vormund (OLG Brandenburg FamRZ 2000, 1038).

Als Anspruchsgegner kommen in Betracht:

– jeder Dritte,

– ein Elternteil, oder

– wenn Vormundschaft besteht, weil beide Eltern nicht sorgeberechtigt sind, auch beide Elternteile.

3.3 Alleinsorge der Mutter kraft Gesetzes

3.3.1 Die Alleinsorge der nicht verheirateten Mutter

Bei Geburt eines Kindes, dessen Eltern nicht miteinander verheiratet sind, tritt von Gesetzes wegen die alleinige Sorge der Mutter ein, § 1626a Abs. 2 BGB.   *72*

Selbst wenn die Mutter während der Geburt stirbt, erhält der Vater kein Sorgerecht, es kann allenfalls durch Gerichtsentscheid auf ihn übertragen werden, § 1680 Abs. 2 Satz 2 BGB analog (Schwab Rz. 525). Der Vater hat allerdings ein selbständiges Umgangsrecht, § 1684 Abs. 1 Halbsatz 2 BGB, vgl. dazu unten 3.7.1.

Die Mutter kann sich beim zuständigen Jugendamt ein Negativattest ausstellen lassen, das ihr bescheinigt, daß keine Sorgeerklärungen, § 1626a Abs. 1 Nr. 2 BGB (dazu unten 3.4.2), abgegeben wurde, ihr die Sorge also allein zusteht, § 58a SGB VIII. Diese Erklärung gibt dem Rechtsverkehr freilich nur die Sicherheit, daß im Zeitpunkt der Ausstellung Alleinsorge der Mutter bestand (MünchKomm/Huber § 1626d Rn. 11)

3.3.2 Die Beistandschaft

Nach altem Recht wurde der allein sorgeberechtigten Mutter des nicht-   *73*
ehelichen Kindes automatisch ein Beistand zugeordnet, der sie bei der Vaterschaftsfeststellung oder Unterhaltsstreitigkeiten unterstützte, §§ 1706, 1709 BGB a. F.

Dieser Automatismus, dem das Bild der überforderten alleinerziehenden Mutter als Regelfall zugrunde lag, besteht nun nicht mehr. Nach neuem Recht bietet das Jugendamt, § 52a SGB VIII, wenn das Kind oder die werdende Mutter ihren gewöhnlichen Aufenthalt in Deutschland haben, § 1717 BGB, diese Unterstützung auf Antrag an.

Nimmt die Mutter diese Hilfe nicht in Anspruch, obschon das Kindeswohl gefährdet ist, kann das Jugendamt beim Familiengericht Schutzmaßnahmen zugunsten des Kindes anregen, § 1666 Abs. 1 BGB, 50 Abs. 3 SGB VIII (dazu unten 3.3.3.3).

Durch die Beistandschaft wird die elterliche Sorge nicht eingeschränkt, § 1716 Satz 1 BGB.

Die Beistandschaft, die auch schon vor der Geburt beantragt werden kann, vgl. §§ 1713 Abs. 2, 1714 Abs. 2 BGB, tritt mit Zugang, § 130 Abs. 1 BGB, des schriftlichen Antrags beim Jugendamt kraft Gesetzes ein, § 1714 Abs. 1 BGB.

74   Antragsberechtigt sind folgende Personen, die sich dabei nicht vertreten lassen können, § 1713 Abs. 1 Satz 3 BGB:
– Der nach der Geburt, § 1626a Abs. 2 BGB, oder später, vgl. §§ 1671 ff BGB, ganz oder teilweise allein sorgeberechtigte Elternteil, also nicht nur die Mutter, § 1713 Abs. 1 Satz 1 BGB.
– Der Vormund des Kindes, §§ 1713 Abs. 1 Satz 2, 1776 BGB.
– Die werdende Mutter, § 1713 Abs. 2 Satz 1 BGB, auch wenn das Kind nach der Geburt unter Vormundschaft stünde, weil die Mutter zum Beispiel nicht geschäftsfähig ist, § 1673 Abs. 2 BGB, und ihre Sorge deshalb ruht (dazu unten 3.3.3.2).

Ist die werdende Mutter beschränkt geschäftsfähig, kann sie den Antrag ohne Zustimmung ihres gesetzlichen Vertreters selbst stellen, § 1713 Abs. 2 Satz 2 BGB.

Ist sie geschäftsunfähig, stellt den Antrag ihr gesetzlicher Vertreter, § 1713 Abs. 2 Satz 3 BGB.

75   Der Beistand hat folgende Aufgaben:
– Feststellung der Vaterschaft, § 1712 Abs. 1 Nr. 1 BGB. Nachdem die Beistandschaft vom Willen der Mutter abhängt, kann der Mutter, wenn sie die Feststellung der Vaterschaft gegen das Kindesinteresse nicht betreibt, für diese Angelegenheit das Sorgerecht entzogen werden, § 1666 Abs. 1 BGB (dazu unten 3.3.3.3).
– Geltendmachung von Unterhaltsansprüchen, § 1712 Abs. 1 Nr. 2 BGB. Ist die Beistandshaft schon vor der Geburt wirksam geworden, kann der Beistand bereits eine einstweilige Verfügung zum Kindesunterhalt nach § 1615o Abs. 1 BGB beantragen (dazu unten 5.2).

Es kann auch Beistandschaft nur für einen der beiden Aufgabenbereiche begehrt werden, § 1712 Abs. 2 BGB.

Der Beistand ist in seinem Aufgabenbereich gesetzlicher Vertreter des Kindes, §§ 1716 Satz 2, 1915 Abs. 1, 1793 BGB. Er vertritt das Kind in gerichtlichen Verfahren allein, § 53a ZPO. Nur in diesem Fall verdrängt also die Beistandschaft die elterliche Sorge, die ansonsten nicht eingeschränkt wird, § 1716 BGB (Schwab Rn. 627).

Die Beistandschaft endet, wenn   *76*

– der Antragsteller dies schriftlich verlangt, § 1715 Abs. 1 Satz 1.
  Dieses Verlangen kann auch auf einen Teil der Beistandschaft beschränkt werden, §§ 1715 Abs. 1 Satz 2, 1712 Abs. 2 BGB, und entfaltet seine Wirkung mit Zugang beim Jugendamt, §§ 1715 Abs. 1 Satz 2, 1714, 130 Abs. 1 BGB.
– die Voraussetzungen für die Begründung der Beistandschaft wegfallen, §§ 1715 Abs. 2, 1713 BGB, also insbesondere dann, wenn die Eltern gemeinsam das Sorgerecht erhalten (dazu unten 3.4).
– wenn die Aufgabe des Beistands erfüllt ist, also beispielsweise der Kindesvater durch rechtskräftige Entscheidung in einem Vaterschaftsfeststellungsverfahren dem Kind zugeordnet wurde (dazu oben 2.3.4), §§ 1716 Satz 2, 1918 Abs. 3 BGB.
– das Kind oder die werdende Mutter ihren gewöhnlichen Aufenthalt im Ausland begründen, § 1717 BGB

3.3.3 *Begründung der Alleinsorge des Vaters bei Ausfall der Mutter*

3.3.3.1 Tod der Mutter

Stirbt die Mutter, muß das Familiengericht dem Vater die Sorge übertra-   *77*
gen, wenn es dem Kindeswohl dient, § 1680 Abs. 2 Satz 2 BGB. Es müssen also von der Sorgerechtsübertragung positive Einflüsse auf das Kindeswohl zu erwarten sein (OLG Nürnberg FamRZ 2000, 1035; OLG Hamm FamRZ 2000, 1239). Diese Regelung hat ihren Grund darin, daß in Fällen andauernder Alleinsorge der Mutter vielfach keine intakte Elterngemeinschaft und somit auch kein Kontakt zwischen Kind und Vater besteht (Greßmann Rn. 282).

Dient die Übertragung der Sorge auf den Vater nicht dem Kindeswohl, ist ein Vormund für das Kind zu bestellen, § 1773 Abs. 1 BGB, dazu unten 3.6.1.

3.3.3.2 Ruhen der mütterlichen Alleinsorge

Die Sorge eines Elternteils ruht vollständig, wenn er   *78*

– nach Feststellung des Familiengerichts auf längere Zeit an ihrer Ausübung gehindert ist, § 1674 Abs. 1 BGB, oder
– geschäftsunfähig ist, § 1673 Abs. 1 BGB, oder
– beschränkt geschäftsfähig ist. In diesem Fall ist er neben einem gesetzlichen Vertreter des Kindes zur Personensorge berechtigt, § 1673 Abs. 2
BGB. Die siebzehnjährige unverheiratete Mutter hat also neben dem
Vormund ihres Kindes, § 1773 Abs. 1 BGB, das Personensorgerecht, allerdings ohne Vertretungsbefugnisse (vgl. Schwab Rz. 653).

Ruht die elterliche Sorge der Mutter und besteht keine Aussicht, daß
der Grund des Ruhens wegfallen wird, muß das Familiengericht dem Vater die Sorge übertragen, wenn es dem Kindeswohl dient, § 1678 Abs. 2
BGB. Es müssen also von der Sorgerechtsübertragung positive Einflüsse
auf das Kindeswohl zu erwarten sein. Andernfalls ist ein Vormund, § 1773
Abs. 1 BGB, oder Pfleger, § 1909 BGB, für das Kind zu bestellen, bis der
Ruhezustand beendet ist und die Sorge wieder auflebt (dazu unten 3.6.1
und 3.6.2).

3.3.3.3 Entzug der elterlichen Sorge zum Schutz des Kindes

79 Zum Schutz des Kindes kann das Familiengericht von Amts wegen in
Ausübung seines Wächteramtes, Art. 6 Abs. 2 Satz 2 GG, Maßnahmen
zum Schutze des Kindes ergreifen, § 1666 BGB. Dabei sind die Grund-
sätze der Erforderlichkeit und Verhältnismäßigkeit des Eingriffs in das
Elternrecht aus Art. 6 Abs. 1 Satz 1 GG zu beachten, vgl. § 1666a BGB,
so daß die teilweise oder vollständige Entziehung der Sorge nur als äu-
ßerste Maßregel in Betracht kommt.

Vorrangig ist die Ersetzung von Erklärungen des Sorgerechtsinhabers
möglich, was insbesondere bei der Einwilligung in Heilbehandlungen
praktisch wird, § 1666 Abs. 3 BGB.

Nicht ersetzt werden kann jedoch die Sorgeerklärung nach § 1626a
BGB (Lipp/Wagenitz § 1666 Rz. 3, dazu unten 3.4.2).

80 Die sachliche Zuständigkeit für die Anordnung von Maßnahmen zum
Schutz des Kindes liegt ausschließlich beim Familiengericht, §§ 1666
BGB, 64 Abs. 1 FGG, 23b Abs. 1 Satz 2 Nr. 2 GVG, 621 Abs. 1 Nr. 1
ZPO. Die örtliche Zuständigkeit richtet sich nach §§ 621a Abs. 1 ZPO,
64 Abs. 3 Satz 1, 43 Abs. 1, 36 Abs. 1 FGG. Im Bereich der Personensorge
ist der Richter, 14 Abs. 1 Nr. 8 RPflG, im Bereich der Vermögenssorge
der Rechtspfleger, § 3 Nr. 2a RPflG, funktionell zuständig. Zum Verfahren siehe ausführlich unten 3.8.

Voraussetzung für die Einleitung von Maßnahmen zum Schutz des Kin-   *81*
des ist nach § 1666 Abs. 1 BGB eine Gefährdung des körperlichen, gei-
stigen oder seelischen Wohls des Kindes, die die Eltern nicht abwenden
wollen oder können, durch

– mißbräuchliche Ausübung der elterlichen Sorge,
– Vernachlässigung des Kindes,
– unverschuldetes Versagen der Eltern (z.B. Adoleszenzkonflikt, AG
  Hannover FamRZ 2000, 1241), oder
– das Verhalten eines Dritten.

Hier können auch Maßnahmen mit Wirkung gegen Dritte ergriffen
werden, § 1666 Abs. 4 BGB, wie zum Beispiel ein Verbot des persönlichen Umgangs.

Auch eine Gefährdung des Kindesvermögens berechtigt das Familiengericht zu Maßnahmen, §§ 1666 Abs. 2, 1667 BGB.

Wird der Mutter das Sorgerecht entzogen, ist es vom Familiengericht
dem Vater zu übertragen, wenn dies dem Kindeswohl dient, § 1680 Abs. 3
und 2 Satz 2 BGB (OLG Hamm FamRZ 2000, 1239f). Es müssen also
von der Sorgerechtsübertragung positive Einflüsse auf das Kindeswohl zu
erwarten sein. Andernfalls ist ein Vormund für das Kind zu bestellen,
§ 1773 Abs. 1 BGB (dazu unten 3.6.1).

Wenn die Gefahr für das Kindeswohl nicht mehr besteht, ist der Entzug
des Sorgerechts aufzuheben, § 1696 Abs. 2 BGB, auch ansonsten ist das
Familiengericht zu regelmäßiger Prüfung länger andauernder Maßnahmen verpflichtet, § 1696 Abs. 3 BGB.

3.3.3.4 Schutz der gewohnten Umgebung des Kindes bei Tod, Ruhen oder Entzug der Sorge

Es ist denkbar, daß das Kind bei der nach § 1626a Abs. 2 allein sorgebe-   *82*
rechtigten Mutter wohnt, die mit einem Dritten verheiratet ist oder eine
eingetragene Lebenspartnerschaft begründet hat. Wenn die Mutter stirbt,
ihre Sorge ruht oder entzogen wird, kann die Sorge auf den Vater übertragen werden, der damit auch den Aufenthalt des Kindes bestimmen
darf. Möchte er das Kind zu sich nehmen, kann durch das Herausnehmen
des Kindes aus seiner gewohnten Umgebung und Bezugswelt (BT-Drucks
13/4899, S. 104) eine Gefährdung des Kindeswohls verursacht werden. In
diesem Fall ordnet das Familiengericht von Amts wegen oder auf Antrag
des Ehegatten der Mutter an, daß das Kind in seiner bisherigen Umgebung verbleibt, § 1682 Satz 1 BGB.

Gleiches gilt, wenn das Kind mit seiner Mutter und anderen volljährigen, nach § 1685 Abs. 1 BGB potentiell umgangsberechtigten Personen, also Geschwistern oder Großeltern, in einem Haushalt zusammengelebt hat, § 1682 Satz 2 BGB.

Die das Kind betreuende Person hat dann in Angelegenheiten des täglichen Lebens die Entscheidungsbefugnis, § 1688 Abs. 4 und 1 Satz 1 und 2 BGB. Außerdem hat sie die Befugnis zu allem Maßnahmen bei Gefahr im Verzug, § 1688 Abs. 4 und 1 Satz 3, 1629 Abs. 1 Satz 4 BGB.

§ 1682 BGB bildet eine Konkretisierung der Befugnis des Familiengerichts zu Maßnahmen bei Gefährdung des Kindeswohls nach § 1666 BGB, für die dann Raum bleibt, wenn das Kind in einer Bezugswelt lebt, die in § 1682 BGB nicht erwähnt wird, etwa in der nichtehelichen Partnerschaft der sorgeberechtigten Mutter (Lipp/Wagenitz § 1682 Rz. 4).

3.3.3.5 Getrenntleben der Eltern

3.3.3.5.1 Sorgerechtsübertragung auf den Vater

83 Leben die Eltern – auch von Anfang an (Lipp/Wagenitz § 1672 Rz. 1) – nicht nur vorübergehend getrennt (zum Begriff unten 3.4.5), so kann der Vater mit Zustimmung der Mutter (sie kann nicht ersetzt werden, AG Pankow/Weißensee FamRZ 2000, 1241) beantragen, daß ihm das Familiengericht ganz oder zum Teil die elterliche Sorge allein überträgt, wenn dies dem Kindeswohl dient, § 1672 Abs. 1 Satz 1 und 2 BGB. Es müssen also von der Sorgerechtsübertragung positive Einflüsse auf das Kindeswohl zu erwarten sein.

Die Zustimmung der Mutter ist allerdings entbehrlich, wenn sie in die Adoption ihres Kindes eingewilligt hat, § 1751 Abs. 1 Satz 6 BGB. Wichtig ist, daß ohne die mütterliche Zustimmung der Antrag bereits unzulässig, nicht nur unbegründet ist (Lipp/Wagenitz § 1672 Rz. 2).

Die sachliche Zuständigkeit für diese Maßnahme liegt ausschließlich beim Familiengericht, §§ 1672 BGB, 64 Abs. 1 FGG, 23b Abs. 1 Satz 2 Nr. 2 GVG, 621 Abs. 1 Nr. 1 ZPO. Die örtliche Zuständigkeit richtet sich nach §§ 621a Abs. 1 ZPO, 64 Abs. 3 Satz 1, 43 Abs. 1, 36 Abs. 1 FGG. Funktionell zuständig ist der Richter, 14 Abs. 1 Nr. 15 RPflG. Zum Verfahren ausführlich unten 3.8.

3.3.3.5.2 Ausfall des Vaters, dem die Sorge nach § 1672 BGB übertragen wurde

84 Ruht die elterliche Sorge des Vaters (dazu oben 3.3.3.2), so geht das Sorgerecht nicht ohne weiteres, sondern nur durch Sorgerechtsänderung

kraft familiengerichtlicher Entscheidung, § 1696 Abs. 1 BGB, auf die Mutter über, soweit es aus triftigen Gründen, die das Kindeswohl nachhaltig berühren, angezeigt ist.

Besteht keine Aussicht, daß der Grund des Ruhens wegfallen wird, muß das Familiengericht der Mutter die Sorge übertragen, wenn das dem Kindeswohl dient, § 1678 Abs. 2 BGB. Es müssen also von der Sorgerechtsübertragung positive Einflüsse auf das Kindeswohl zu erwarten sein.

Ansonsten muß ein Vormund, § 1773 Abs. 1 BGB, oder Pfleger, § 1909 BGB, für das Kind bestellt werden, bis der Ruhezustand beendet ist und die Sorge wieder auflebt (dazu unten 3.6).

Für eine Abänderungsentscheidung nach § 1696 Abs. 1 BGB ist sachlich das Familiengericht zuständig, §§ 64 Abs. 1 FGG, 23b Abs. 1 Satz 2 Nr. 2 GVG, 621 Abs. 1 Nr. 1 ZPO. Die örtliche Zuständigkeit richtet sich nach §§ 621a Abs. 1 Satz 1 ZPO, 63 Abs. 3 Satz 1, 43 Abs. 1, 36 Abs. 1 FGG. Die Funktionelle Zuständigkeit liegt beim Richter. Es handelt sich um ein selbständiges Verfahren, für das die Zuständigkeit selbständig zu ermitteln ist (BayObLG FamRZ 2000, 1234), so daß deshalb nicht zwingend das Gericht der Sorgerechtsentscheidung nach § 1672 BGB nun auch für deren Abänderung zuständig sein muß, wenn sich der Wohnsitz des Kindes, der vom Wohnsitz des sorgeberechtigten Vaters abgeleitet wird, § 11 BGB, inzwischen verändert hat.

Stirbt der Vater, muß das Familiengericht wieder der Mutter die Sorge übertragen, wenn das dem Kindeswohl nicht widerspricht, § 1680 Abs. 2 Satz 1 BGB. Die Übertragung hat also nur bei negativen Auswirkungen auf das Kind zu unterbleiben.

Soweit es aus triftigen Gründen, die das Kindeswohl nachhaltig berühren, angezeigt ist (erhöhte Kindeswohlprüfung), muß das Familiengericht seine Anordnung ändern, § 1696 Abs. 1 BGB.

Auch hier kommt jeweils ein Schutz der gewohnten Umgebung des Kindes in Betracht, § 1682 BGB, vgl. oben 3.3.3.4.

3.3.3.5.3 Herstellung gemeinsamer Sorge

Wurde die elterliche Sorge nach § 1672 Abs. 1 BGB auf den Vater übertragen, kann später auf Antrag eines Elternteils unter Zustimmung des anderen Elternteils vom Familiengericht entschieden werden, daß die Sorge beiden Eltern gemeinschaftlich zusteht, wenn die nicht dem Kindeswohl widerspricht, § 1672 Abs. 2. BGB. Die Übertragung hat also nur bei negativen Auswirkungen auf das Kind zu unterbleiben.

85

57

3.4 Gemeinsame Sorge der Eltern

86 Gemeinsame Sorge der nicht verheiraten Eltern kann durch Heirat oder Abgabe von Sorgeerklärungen begründet werden, § 1626a Abs. 1 BGB.

3.4.1 Gemeinsame Sorge durch Heirat

Heiraten die Eltern des Kindes nach der Geburt, so steht ihnen die Sorge für ihr Kind ohne weiteres gemeinsam zu, § 1626a Abs. 1 Nr. 2 BGB. Vorhergehende Entscheidungen des Familiengerichts nach §§ 1671, 1672 BGB können den Erwerb des Sorgerechts nicht verhindern (Münch-Komm/Huber § 1626a Rn. 23)

War die Sorge der Mutter zuvor beschränkt, kann auch der Vater nur in dem Umfang das Sorgerecht erhalten, wie es der Mutter zuvor allein zustand (OLG Nürnberg FamRZ 2000, 1035). Der Vater kann jedoch die Übertragung der vollen elterlichen Sorge verlangen, wenn dies dem Kindeswohl entspricht, § 1680 Abs. 3 und 2 Satz 2 BGB (OLG Nürnberg FamRZ 2000, 1035). Grundvoraussetzung ist allerdings, daß die Vaterschaft des Ehemannes feststeht (vgl. dazu oben 2.3).

3.4.2 Begründung gemeinsamer Sorge kraft Sorgeerklärung

3.4.2.1 Allgemeines

87 Erklären die nicht verheirateten Eltern, daß sie die Sorge für ein bestimmtes Kind gemeinsam übernehmen wollen (Sorgeerklärungen), steht ihnen die Sorge mit Wirksamkeit der Erklärungen gemeinsam zu, § 1626a Abs. 1 Nr. 1 BGB; die Erklärungen können auch schon vor der Geburt des Kindes abgegeben werden, § 1626b Abs. 2 BGB. Eine Kindeswohlprüfung findet nicht statt (BT-Drucks 13/4899, S. 59). Erst wenn die Schwelle des § 1666 BGB überschritten ist, greift das Familiengericht ein (dazu oben 3.3.3.3).

Es ist nicht Voraussetzung, daß die Eltern zusammen leben (Münch-Komm/Huber § 1626a Rn. 16). Es ist sogar denkbar, daß die gemeinsam sorgeberechtigten Eltern jeweils anderweitig verheiratet sind (Münch-Komm/Huber § 1626a Rn. 18). Leben die Eltern getrennt, so besteht eine Alleinzuständigkeit des Elternteils, bei dem das Kind sich aufhält, für Angelegenheiten des täglichen Lebens, § 1687 Abs. 1 Satz 2 und 3 BGB (dazu unten 3.4.5).

Zu beachten ist, daß der Vater nur dann eine gültige Sorgeerklärung abgeben kann, wenn seine Vaterschaft, beispielsweise aufgrund eines Anerkenntnisses, § 1592 Nr. 2 BGB, feststeht (dazu oben 2.3).

Haben die Eltern mehrere Kinder, können sie grundsätzlich die Sorgerechtslage für jedes Kind unterschiedlich gestalten.

3.4.2.2 Sperrwirkung familiengerichtlicher Entscheidungen

Die Umgestaltung der Sorgerechtslage durch Sorgeerklärungen ist nur *88* möglich, solange keine gerichtliche Entscheidung über die elterliche Sorge getroffen wurde, §§ 1626b Abs. 3, 1671, 1672, 1696 Abs. 1 BGB. Dann ist nur noch eine Abänderung dieser Entscheidung nach § 1696 Abs. 1 BGB möglich, soweit es aus triftigen Gründen, die das Kindeswohl nachhaltig berühren, angezeigt ist (dazu auch 3.3.2.5.2).

Der Erwerb gemeinsamer Sorge durch Abgabe von Sorgeerklärungen ist aus Gründen des Kindeswohls auch dann nicht möglich, wenn zuvor eine Entscheidung des Familiengerichts nach § 1666 BGB ergangen ist (dazu oben 3.3.3.3). § 1666 BGB ist insoweit lex specialis zu §§ 1626a ff BGB (MünchKomm/Huber § 1626b Rn. 24).

3.4.2.3 Die Sorgeerklärung

Die Sorgeerklärungen sind einseitige nicht empfangsbedürftige (Schwab *89* Rz. 532) Willenserklärungen (Palandt/Diederichsen § 1626a Rn. 4; MünchKomm/Huber § 1626a Rn. 4; Lipp/Wagenitz § 1626a Rz. 3) (Gestaltungserklärungen). Trotzdem bemißt sich ihre Wirksamkeit nicht nach den Regelungen des Allgemeinen Teils, sondern, wie § 1626e BGB anordnet, ausschließlich nach den Voraussetzungen der §§ 1626 a ff BGB. Insbesondere die Regelungen über Willensmängel gelten also nicht.

Bis zur Abgabe der zweiten Sorgeerklärung ist die erste frei widerruflich (Lipp/Wagenitz § 1626a Rz. 10).

Die Erklärungen dürfen nicht unter eine Bedingung oder Befristung gestellt werden, § 1626b Abs. 1 BGB. Unwirksam ist beispielsweise die Erklärung, die Sorge solle beiden Eltern zustehen, so lange ihre nichteheliche Lebensgemeinschaft andauert (MünchKomm/Huber § 1626b Rn. 3). Die Erklärungen müssen unmißverständlich den Willen zum Ausdruck bringen, zukünftig die elterliche Sorge für ein bestimmtes Kind gemeinsam auszuüben. Der genaue Wortlaut ist dabei unerheblich (MünchKomm/Huber § 1626a Rn. 4). Aufgrund dieses Bestimmtheitserfordernisses können Sorgeerklärungen erst nach Beginn der Schwangerschaft abgegeben werden. Stellt sich während der Schwangerschaft heraus, daß die Geburt mehrerer Kinder zu erwarten ist, ist fraglich, ob die zuvor für das erwartete Kind abgegebenen Sorgeerklärungen nun für alle Kinder aus dieser Schwangerschaft gelten oder neue Sorgeerklärungen erforderlich werden (so MünchKomm/Huber § 1626b Rn. 17).

Die Sorgeerklärung kann sich nur auf die elterliche Sorge insgesamt beziehen. Eine „partielle Sorgeerklärung" für einzelne Teile der elterlichen Sorge ist nicht vorgesehen (MünchKomm/Huber § 1626a Rn. 6; Schwab DNotZ 1998, 450 mit Verweis auf den Wortlaut des § 1626a Abs. I BGB; a. A. Zimmermann DNotZ 1998, 419)

3.4.2.4 Vertretung bei Abgabe der Sorgeerklärung

90 Die Abgabe einer Sorgeerklärung ist ein höchstpersönliches Rechtsgeschäft, § 1626c Abs. 1 BGB. Auch gesetzliche Vertretung ist nicht möglich. Im einzelnen ist folgendes zu beachten:

– Ein beschränkt geschäftsfähiger – also insbesondere minderjähriger – Elternteil benötigt zur wirksamen Abgabe einer Sorgeerklärung die Zustimmung seines gesetzlichen Vertreters, § 1626c Abs. 2 Satz 1 BGB. Die Abgabe einer Sorgeerklärung durch einen beschränkt geschäftsfähigen Elternteil ist zum einen sinnvoll, um ihm die beschränkte Personensorge nach § 1673 Abs. 2 Satz 2 zu verschaffen, zum anderen, um dem anderen, unbeschränkt geschäftsfähigen Elternteil die Sorge für das Kind zu ermöglichen.

Die Zustimmung des gesetzlichen Vertreters ist wiederum ein höchstpersönliches Geschäft, § 1626c Abs. 2 Satz 2 BGB. Sie kann wie die Sorgeerklärungen vor der Geburt des Kindes gegeben werden und ist bedingungs- und befristungsfeindlich, §§ 1626c Abs. 2 Satz 2 Halbsatz 2, § 1626b Abs. 1 und 2 BGB. Eine nachträgliche Genehmigung des gesetzlichen Vertreters soll nach dem Willen des Gesetzgebers nicht ausreichen (BT-Drucks 13/4899, S. 95).

Das Familiengericht (dort der Richter, § 14 Abs. 1 Nr. 9 RPflG, zum Verfahren unten 3.8) muß auf Antrag des beschränkt geschäftsfähigen Elternteils die Zustimmung ersetzen, wenn das dem Wohl dieses Elternteils nicht widerspricht, § 1626c Abs. 2 Satz 3 BGB. Die Übertragung des Sorgerechts hat also nur bei negativen Auswirkungen auf den beschränkt geschäftsfähigen Elternteil zu unterbleiben (vgl. auch MünchKomm/Huber § 1626b Rn. 12 f).

– Einem Betreuten kann für den Bereich von Sorgeerklärungen kein Einwilligungsvorbehalt auferlegt werden, § 1903 Abs. 2 BGB analog (Lipp/Wagenitz § 1626a Rz. 5).

– Ein Geschäftsunfähiger kann keine Sorgeerklärung abgeben, §§ 104 Nr. 2, 105 BGB (MünchKomm/Huber § 1626e Rn. 18; Schwab Rz. 531). Dieses Ergebnis läßt sich freilich nur aus teleologischen Erwägungen

(Geschäftsunfähigkeit begründet das Ruhen der elterlichen Sorge, § 1673 Abs. 1 BGB) unter Reduktion des § 1626e BGB, der allein den beschränkt geschäftsfähigen Elternteil erwähnt, erzielen (dagegen jedoch Lipp/Wagenitz § 1626c Rz. 2, § 1626e Rn. 2: Er kann mit Zustimmung seines gesetzlichen Vertreters eine Sorgeerklärung abgeben).

3.4.2.5 Form der Sorgeerklärung

Sorgeerklärungen und Zustimmung sind öffentlich zu beurkunden, §§ 1626d Abs. 1, 129 BGB. Zuständig sind Notare, § 20 Abs. 1 BNotO, und jedes Jugendamt, § 59 Abs. 1 Satz 1 Nr. 8 SGB VIII (Vorteil: kostenfrei). Die Zustimmung nach § 1626c BGB ist in § 59 SGB VIII nicht erwähnt, dabei handelt es sich jedoch um ein Redaktionsversehen (Palandt/Diederichsen § 1626d Rn. 4, MünchKomm/Huber § 1626c Rn. 4) *91*

Soweit eine andere Stelle als das Jugendamt beurkundet, ist die Abgabe der Sorgeerklärung von dieser Stelle unverzüglich (§ 121 BGB) dem nach § 87e SGB VIII zuständigen Jugendamt mitzuteilen, § 1626d Abs. 2 BGB. Dies ist jedoch keine Wirksamkeitsvoraussetzung (Schwab Rz. 532). Dadurch wird allerdings gesichert, daß bei einer Stelle die Abgabe der beiden parallel laufenden Erklärungen (Schwab Rz. 532) und damit der Eintritt der gemeinsamen Sorge bekannt wird.

3.4.2.6 Wirkungen

Mit Abgabe der zweiten Erklärung, die zum Inhalt hat, daß die gesamte Sorge beiden Eltern zustehen soll, tritt ohne weiteres die gemeinsame Sorge ein. Damit ist die Verfügungsbefugnis der Eltern über die Sorge erloschen. Abänderungen sind nur noch durch gerichtliche Entscheidung möglich, § 1696 Abs. 1 BGB. Geben die beiden Eltern ihre Erklärungen unabhängig von einander bei unterschiedlichen Stellen ab, tritt die gemeinsame Sorge also ein, ohne daß die Eltern etwas davon wissen (zum Problem der „Parallel laufenden Erklärungen" Schwab FS Medicus S. 587 ff). *92*

3.4.2.7 Weitere Hinweise

Gegen den Willen der Mutter ist eine gemeinsame elterliche Sorge nicht möglich. Der Vater kann, auch wenn dies dem Kindeswohl dient, die Abgabe der mütterlichen Sorgeerklärung wohl nicht erzwingen (OLG Düsseldorf FamRZ 1999, 673). Diese starke Stellung der Mutter wird zu Recht kritisiert, weil sie zu einer Ungleichbehandlung ehelich und außerehelich geborener Kinder führt, die nicht mit Art. 6 Abs. 5 GG zu verein- *93* baren sein dürfte (Diederichsen NJW 1998, 1983; Lipp FamRZ 1998, 80; OLG Stuttgart FamRZ 2000, 632 f; eingehend Coester FamRZ 1995, 1248; Finger FamRZ 2000, 1204 ff; MünchKomm/Huber § 1626a Rn. 39 ff; a. A. Schwab/Motzer III/209). Die Frage wurde bereits dem BVerfG zur Entscheidung vorgelegt (AG Korbach FamRZ 2000, 629; AG Groß-Gerau FamRZ 2000, 631).

94 Auf Grundlage des geltenden Rechts ist der Mutter freilich zu empfehlen, die Abgabe einer Sorgeerklärung sorgfältig zu überdenken. Die Mutter, die dem Vater durch Abgabe einer Sorgeerklärung die Mitsorge einräumt, kann diesen Schritt nicht rückgängig machen („Weg ohne Wiederkehr", Schwab DNotZ 1998, 453). Sie riskiert, daß bei Trennung der Eltern das Gericht dem Vater die Alleinsorge zuweist und sie selbst unterhaltspflichtig wird. Deshalb ist nur bei Abschluß von flankierenden Vereinbarungen (dazu Schwab DNotZ 1998, 454) die Abgabe der Sorgeerklärung zu empfehlen.

Problematisch ist auch, daß sich zwar die alleinsorgeberechtigte Mutter ihr Sorgerecht beim Jugendamt durch Negativattest bestätigen lassen kann (dazu oben 3.3.1), nicht aber die nicht verheirateten, gemeinsam sorgeberechtigte Eltern diese Sorgerechtslage, was zu Problemen bei der Ausübung der Sorge führen kann.

3.4.3 Ausübung der gemeinsamen Sorge

95 Die Eltern sind verpflichtet, die gemeinsame Sorge in gegenseitigem Einvernehmen auszuüben, § 1627 BGB.

Wenn sie sich in einer Angelegenheit, die von erheblicher Bedeutung für das Kind ist, nicht einigen können, überträgt das Familiengericht auf Antrag eines Elternteils einem Elternteil die Entscheidungsbefugnis, § 1628 BGB, wenn auch vor Gericht keine Einigung erzielt werden konnte, vgl. § 52 Abs. 1 Satz 1 FGG. Es hat sich bei seiner Entscheidung am Kindeswohl auszurichten, § 1697a BGB (vgl. Greßmann Rn. 245). Der entscheidungsbefugte Elternteil ist dann insoweit auch alleiniger gesetzlicher Vertreter des Kindes, § 1629 Abs. 1 Satz 3 BGB. Der Anwendungsbereich des § 1628 BGB ist auf Einzelfälle beschränkt, in denen Eltern konkrete Meinungsunterschiede nicht allein zu überwinden vermögen (OLG Zweibrücken FamRZ 2001, 186)

Sachlich zuständig ist das Amtsgericht (Familiengericht), §§ 64 FGG, 23b Abs. 1 Satz 2 Nr. 2 GVG, dort der Richter, § 14 Abs. 1 Nr. 5 RPflG. Die örtliche Zuständigkeit richtet sich nach §§ 64 Abs. 3 Satz 1, 43 Abs. 1,

36 Abs. 1 FGG, 621 Abs. 2 Satz 2, 621a Abs. 1 ZPO, 11 BGB (zum Verfahren unten 3.8).

3.4.4 Ausfall eines Sorgeberechtigten

Steht die elterliche Sorge beiden Eltern gemeinsam zu und stirbt ein Elternteil, so fällt automatisch dem überlebenden Elternteil die Alleinsorge zu, § 1680 Abs. 1 BGB. Hat das Kind bei dem verstorbenen Elternteil zusammen mit dessen Ehegatten oder in anderer familiärer Umgebung gelebt, kommt ein Schutz der gewohnten Umgebung des Kindes in Betracht, § 1682 BGB, dazu oben 3.3.3.4.   *96*

Ruht die Sorge eines Elternteils, §§ 1673 ff BGB (dazu oben 3.3.3.2), oder ist der Elternteil, ohne daß dies gemäß § 1674 Abs. 1 BGB vom Familiengericht festgestellt worden wäre, tatsächlich verhindert, die elterliche Sorge auszuüben, so übt der andere Elternteil die Sorge allein aus, § 1678 Abs. 1 BGB. Auch hier kommt ein Schutz der gewohnten Umgebung des Kindes in Betracht, § 1682 BGB, dazu. oben 3.3.3.4.   *97*

Beim Entzug der elterlichen Sorge nach § 1666 BGB (dazu oben 3.3.3.3) ist zu unterscheiden: *98*
– Soweit die elterliche Sorge einem Elternteil entzogen wird, steht dem anderen Elternteil die Alleinsorge zu, § 1680 Abs. 3 und 1 BGB. Auch hier kommt ein Schutz der gewohnten Umgebung des Kindes in Betracht, § 1682 BGB, dazu oben 3.3.3.4.
– Bei völligem Entzug der Sorge beider Eltern muß ein Vormund, § 1773 Abs. 1 BGB, bei teilweisem Entzug ein Pfleger, § 1909 Abs. 1 Satz 1 BGB, für das Kind bestellt werden, dazu unten 3.6.
Wenn die Gefahr für das Kindeswohl nicht mehr besteht, ist der Entzug des Sorgerechts aufzuheben, § 1696 Abs. 2 BGB.

3.4.5 Die gemeinsame Sorge nach Trennung der Eltern

Die Trennung der Eltern ändert an der Sorgerechtslage nichts (Schwab Rz. 666). Getrenntleben bedeutet, daß eine räumliche Trennung zwischen den Eltern stattgefunden hat, die von dem Willen getragen ist, sich endgültig von der Beziehung abzukehren, § 1567 BGB analog (Diederichsen NJW 1998 1985 f). Zu beachten ist insbesondere die Regelung des § 1687 BGB, die dem Umstand Rechnung trägt, daß bei dauerhaftem Getrenntleben der Eltern trotz gemeinsamer Sorge das Kind regelmäßig bei einem Elternteil lebt.   *99*

Die Eltern müssen nur noch in Angelegenheiten von erheblicher Bedeutung für das Kind zu Einvernehmen kommen, §§ 1687 Abs. 1 Satz 1, 1627 Satz 1 BGB. Ist das nicht möglich, so kann die Entscheidungsbefugnis auf ein Elternteil übertragen werden, § 1628 BGB (dazu oben 3.4.3).

Während des Zusammenlebens getroffene stillschweigende Einigungen der Eltern sind nicht einseitig aufkündbar. So kann beispielsweise nicht einseitig von der Einigung über den Lebensmittelpunkt des Kindes abgerückt werden, es sei denn, dem Abrückenden stünde insoweit die Alleinsorge zu, § 1628 BGB. Wird der Lebensmittelpunkt eigenmächtig verändert, wird ein Herausgabeanspruch, § 1632 Abs. 1 BGB, ausgelöst (AG Bad Iburg FamRZ 2000, 1036, dazu oben 3.2.2).

Die Eltern müssen alles unterlassen, was das Verhältnis des Kindes zum jeweils anderen Elternteil beeinträchtigt oder die Erziehung erschwert, §§ 1687 Abs. 1 Satz 5, 1684 Abs. 2 Satz 1 BGB.

100 Ansonsten sind die Befugnisse folgendermaßen aufgeteilt:

– In Angelegenheiten des täglichen Lebens hat derjenige Elternteil, bei dem sich das Kind aufgrund elterlichen Einvernehmens oder gerichtlicher Entscheidung, etwa nach §§ 1628 oder 1666 BGB, gewöhnlich aufhält, die alleinige Entscheidungsbefugnis, § 1687 Abs. 1 Satz 2 BGB, soweit das Familiengericht nichts anderes anordnet, § 1687 Abs. 2 BGB. Angelegenheiten des täglichen Lebens sind solche, „die häufig vorkommen und keine schwer abzuändernden Auswirkungen auf die Entwicklung des Kindes haben", § 1687 Abs. 1 Satz 3 BGB (Legaldefinition). Dazu gehört jedenfalls nicht die mehrstündige Flugreise eines Zweijährigen Kindes (OLG Naumburg FamRZ 2000, 1241).
Für diese Angelegenheiten besteht auch nach außen alleinige Vertretungsmacht. Der Elternteil ist also etwa in der Lage, allein ein Geschäft des Kindes zu genehmigen, § 108 BGB (Schwab Rz. 669).

– Solange sich das Kind aufgrund elterlichen Einvernehmens oder gerichtlicher Entscheidung bei dem anderen Elternteil aufhält, kann dieser in Angelegenheiten der tatsächlichen Betreuung allein entscheiden, § 1687 Abs. 1 Satz 4 BGB, soweit das Familiengericht nichts anderes anordnet, § 1687 Abs. 2 BGB.

– Bei Gefahr im Verzug ist jeder Elternteil zu allen Maßnahmen, die das Kindeswohl erfordert befugt, und muß anschließend den anderen Elternteil unverzüglich davon unterrichten, §§ 1687 Abs. 1 Satz 5, 1629 Abs. 1 Satz 4 BGB.

– Die Eltern haben überdies auch die Möglichkeit, einander durch formfreie Vollmachten erweiterte Handlungsfreiheit einzuräumen.

3.5 Alleinsorge nach Trennung der gemeinsam sorgeberechtigten Eltern

3.5.1 Antrag

Besteht nach Trennung der Eltern gemeinsame Sorge (dazu oben 3.4.5), *101* kann jeder Elternteil beantragen, daß ihm (nicht etwa dem anderen Elternteil, Schwab FamRZ 1998, 460) die elterliche Sorge ganz oder zum Teil (OLG Zweibrücken FamRZ 2000, 1042 f) allein übertragen wird, § 1671 Abs. 1 BGB. Der erfolgreiche Antrag führt also genau genommen zum Sorgerechtsentzug beim Antragsgegner. Von Amts wegen kann das Gericht nicht tätig werden.

Wenn das Gericht in seiner Entscheidung, wem es die Sorge überträgt, frei sein soll, müssen deshalb beide Eltern einen Antrag stellen. Stellt nur ein Teil den Antrag und kommt das Gericht zu der Überzeugung, daß eine Übertragung der Sorge auf den anderen Teil dem Kindeswohl am besten entspreche, muß der Antrag zurückgewiesen werden.

3.5.2 Zuständigkeit und Verfahren

Sachlich zuständig ist das Familiengericht, §§ 1671 BGB, 64 Abs. 1 FGG, *102* 23b Abs. 1 Nr. 2 GVG, 621 Abs. 1 Nr. 1 ZPO). Die örtliche Zuständigkeit richtet sich nach § 621a Abs. 1 ZPO, 64 Abs. 3 Satz 1, 43 Abs. 1, 36 Abs. 1 FGG. Die funktionelle Zuständigkeit liegt beim Richter, § 14 Abs. 1 Nr. 15 RPflG. Ausführlich zum Verfahren unten 3.8.

3.5.3 Voraussetzungen für die Übertragung der Sorge

Das Familiengericht muß dem Antrag stattgeben, wenn die elterliche *103* Sorge nicht aufgrund anderer Normen, insbesondere § 1666 BGB (Schwab Rz. 681), anders zu regeln ist, § 1671 Abs. 3 BGB. Es ist an den Umfang des Antrags gebunden und kann nur, wenn die Voraussetzungen des § 1666 BGB vorliegen, von sich aus weitergehende Entscheidungen treffen (Schwab FamRZ 1998, 459). Wer also einen Antrag nach § 1671 BGB stellt, riskiert ein Verfahren nach § 1666 BGB (AG Rheinach FamRZ 2000, 511).

Voraussetzung für die Übertragung der elterlichen Sorge auf ein Elternteil ist, daß

– der andere Elternteil zustimmt und das über vierzehn Jahre alte Kind, das nach § 50b FGG angehört wird, dem nicht widerspricht, § 1671 Abs. 2 Nr. 1 BGB, oder

– zu erwarten ist, daß die Übertragung der alleinigen Sorge auf den Antragsteller dem Kindeswohl am besten entspricht, § 1671 Abs. 2 Nr. 2 BGB.

Soweit mangels Zustimmung des Kindes dem Antrag nach § 1671 Abs. 2 Nr. 1 BGB nicht stattgegeben werden kann, ist § 1671 Abs. 2 Nr. 2 BGB zu prüfen. Allerdings kann das Familiengericht dann dem Antrag nicht nach Nr. 1 stattgeben, indem es seine Entscheidung am Kindeswohl ausrichtet (Lipp/Wagenitz § 1671 Rz. 4; für diese Möglichkeit aber Schwab FamRZ 1998, 461).

Auch das über vierzehn Jahre alte Kind kann also die Übertragung des Sorgerechts nicht immer verhindern, sondern lediglich eine Kindeswohlprüfung veranlassen.

104 Diese Prüfung ist in zwei Stufen vorzunehmen:

1. Entspricht die Aufhebung der gemeinsamen elterlichen Sorge dem Kindeswohl? Das ist dann der Fall, wenn

   – substantiiert dargelegt wurde (OLG Dresden FamRZ 2000, 110), daß sich die Eltern bezüglich wichtiger Fragen nicht mehr einigen können (vgl. aus der zahlreichen Rechtsprechung z.B. KG FamRZ 2000, 504: Kommunikationsunfähigkeit der Eltern; OLG Zweibrücken FamRZ 2000, 627; BGH FamRZ 1999, 1647; KG FamRZ 1999, 616; KG FamRZ 2000, 502-504; OLG Hamm FamRZ 1999, 320; OLG Hamm FamRZ 2000, 502; OLG Bamberg FamRZ 1999, 806; OLG Dresden FamRZ 2000, 109; OLG Dresden FamRZ 2000, 501; OLG Hamm FamRZ 2000, 1039; OLG Köln FamRZ 2001, 183).

   – ein Elternteil, z.B. aufgrund einer Suchtkrankheit (OLG Nürnberg FamRZ 1999, 1169) oder Gleichgültigkeit gegenüber dem Kind (OLG Zweibrücken FamRZ 2000, 628), ungeeignet zur Ausübung der Sorge ist.

105 2. Entspricht die Übertragung des Sorgerechts auf den Antragsteller am besten dem Kindeswohl, § 1697a BGB?

   Hier sind zu prüfen (vgl. Oelkers FamRZ 1997, 779 ff) und in eine Gesamtabwägung einzustellen (vgl. AG Hamburg FamRZ 2000, 499 ff):

   – Kontinuitätsgrundsatz: Weiterleben des Kindes mit der bisher vertrauten Bezugsperson im vertrauten Umfeld
   – Förderungsgrundsatz: Ermittlung, welcher Elternteil das bessere Erziehungskonzept hat und die verläßlichere Bezugsperson für das Kind ist.
   – Elternbindung des Kindes
   – Geschwisterbindung des Kindes (OLG Naumburg FamRZ 2000, 1595; OLG Zweibrücken FamRZ 2001, 184)

– Wille des Kindes: Je älter das Kind ist, desto schwerwiegendere Gründe sind erforderlich, eine Entscheidung zu treffen, die dem Kindeswillen widerspricht.

3.5.4 Veränderungen nach Übertragung der Sorge

Soweit es aus triftigen Gründen, die das Kindeswohl nachhaltig berühren, angezeigt ist, muß das Familiengericht seine Anordnung ändern, 1696 Abs. 1 BGB. Auch nach altem (vor 1. Juli 1998 geltendem) Recht ergangene gerichtliche Regelungen zur elterlichen Sorge können nur nach § 1696 Abs. 1 BGB abgeändert werden (OLG Nürnberg FamRZ 2000, 1603, dazu auch oben 3.3.3.5.2). *106*

Hat das Familiengericht nach § 1671 BGB einem Elternteil die Alleinsorge übertragen, so kann die gemeinschaftliche Sorge nur durch eine abändernde Entscheidung bei triftigen Gründen, die das Kindeswohl nachhaltig berühren, § 1696 Abs. 1 BGB (dazu oben 3.3.3.5.2), oder Heirat der Eltern, § 1626a Abs. 1 Nr. 2 BGB (BT-Drucks 13/4899, S. 94), wiederhergestellt werden. Durch die Abgabe von Sorgeerklärungen können die Eltern die gerichtliche Entscheidung nicht abändern, vgl. § 1626b Abs. 3 BGB. *107*

Auch die nach altem (vor 1. Juli 1998 geltendem) Recht erfolgte Übertragung der Alleinsorge kann nur unter den Voraussetzungen des § 1696 Abs. 1 BGB abgeändert werden (OLG Karlsruhe FamRZ 2000, 1595).

Beim Tod des nach § 1671 BGB allein sorgeberechtigten Elternteils geht das Sorgerecht auf den anderen Elternteil über, wenn es dem Kindeswohl nicht widerspricht, § 1680 Abs. 2 Satz 1 BGB. Die Übertragung hat also nur bei negativen Auswirkungen auf das Kind zu unterbleiben (BayObLG FamRZ 1999, 103). Andernfalls ist ein Vormund für das Kind zu bestellen, § 1773 Abs. 1 BGB, dazu unten 3.6.1. Zu prüfen sind hier nach BayObLG FamRZ 2000, 973 dieselben Gesichtspunkte, die auch im Rahmen von § 1671 Abs. 2 BGB (dazu oben 3.5.3) zu beachten sind. Auch hier kommt ein Schutz der gewohnten Umgebung des Kindes in Betracht, § 1682 BGB, vgl. oben 3.3.3.4. *108*

Bei Ruhen (dazu oben 3.3.3.2) oder tatsächlicher Verhinderung des allein sorgeberechtigten Elternteils geht die Sorge nicht ohne weiteres auf den anderen Elternteil über, § 1678 Abs. 1 Halbsatz 2 BGB. Das Familiengericht hat am Maßstab des Kindeswohls, § 1697a BGB, eine Sorgerechtsänderung zu prüfen, § 1696 Abs. 1 BGB, soweit es aus triftigen Gründen, die das Kindeswohl nachhaltig berühren, angezeigt ist. Auch hier kommt ein Schutz der gewohnten Umgebung des Kindes in Betracht, *109*

§ 1682 BGB, vgl. oben 3.3.3.4, obschon § 1682 BGB die Sorgerechtsänderung nach § 1696 Abs. 1 BGB nicht ausdrücklich erwähnt (Lipp/Wagenitz § 1682 Rz. 2).

Wenn eine Übertragung auf den anderen Elternteil hiernach ausscheidet, ist ein Vormund oder Pfleger, §§ 1773 Abs. 1 bzw. 1909 BGB, zu bestellen, dazu unten 3.6.

3.6 Dritte als Inhaber des Sorgerechts: Vormundschaft und Ergänzungspflegschaft

110   Neben oder anstelle der Eltern können auch Dritte ganz oder zu Teilen sorgeberechtigt für das Kind sein.

3.6.1 Vormundschaft

Die Vormundschaft, § 1773 Abs. 1 BGB, ersetzt umfassend die fehlende elterliche Sorge.

Die sachliche Zuständigkeit für Anordnung der Vormundschaft sowie Auswahl und Bestellung des Vormunds liegt beim Amtsgericht (Vormundschaftsgericht), § 35 FGG. Die örtliche Zuständigkeit richtet sich nach §§ 37 Abs. 1 Satz 2, 36 Abs. 1 Satz 1 FGG, 11 Satz 1 BGB (dazu unten 3.8.1.3). Funktionell ist der Rechtspfleger, § 3 Nr. 2a RPflG, zuständig. Das Verfahren richtet sich nach dem FGG, es gilt also insbesondere der Amtsermittlungsgrundsatz, § 12 FGG, Eltern und Kind sind anzuhören, §§ 50a und b FGG.

Das Vormundschaftsgericht muß, wenn ein Kind nicht unter elterlicher Sorge steht oder kein Elternteil in den die Person oder das Vermögen betreffenden Angelegenheiten zur Vertretung des Kindes berechtigt ist, § 1773 Abs. 1 BGB, von Amts wegen die Vormundschaft anordnen, § 1774 Satz 1 BGB. Das ist Beispielsweise dann der Fall, wenn beide gemeinsam sorgeberechtigten Eltern verstorben sind oder ihnen die gesamte elterliche Sorge entzogen wurde, §§ 1666, 1666a BGB. War nur ein Elternteil sorgeberechtigt, so ist ein Vormund nur dann zu bestellen, wenn eine Übertragung der Sorge auf den anderen Elternteil nicht in Betracht kommt (vgl. dazu oben 3.3.3).

111   Die Vormundschaft tritt bei Vorliegen der Voraussetzungen nicht kraft Gesetzes ein (MünchKomm/Schwab § 1774 Rn. 1). Mit der Anordnung wird die Vormundschaft nur im verfahrensrechtlichen Sinne anhängig. Bereits die Anordnung bedarf, weil sie in die Rechtsstellung des Kindes eingreift, eines förmlichen Beschlusses des Vormundschaftsgerichts

(MünchKomm/Schwab § 1174 Rn. 3; a.A. Palandt/Diederichsen § 1774 Rn. 1; Soergel/Zimmermann § 1774 Rn. 4 hält den Beschluß für „üblich und empfehlenswert").

Die Eltern können einen Vormund benennen, §§ 1776, 1777 BGB. Ein benannter Vormund darf nur unter engen Voraussetzungen übergangen werden, § 1778 BGB. Haben die Eltern keinen Vormund benannt oder wurde ein benannter Vormund zu Recht übergangen, wählt das Vormundschaftsgericht nach Anhörung des Jugendamts einen geeigneten Vormund aus, §§ 1779 ff BGB. Der von den Eltern benannte oder vom Vormundschaftsgericht ausgewählte Vormund hat grundsätzlich die Pflicht zur Übernahme der Vormundschaft, § 1785 BGB, es sein denn, er hat ein Ablehnungsrecht, § 1786 BGB. Wird die Vormundschaft zu Unrecht abgelehnt, können Zwangsmittel angewendet werden, § 1788 BGB. Außerdem hat der Ablehnende, soweit ihm ein Verschulden zur Last fällt, dem Kind den Schaden zu ersetzen, der durch Verzögerungen aufgrund der Auswahl eines anderen Vormunds entsteht, § 1787 BGB.

Mit seiner Bestellung, § 1789 BGB, eines mitwirkungsbedürftigen Verwaltungsaktes (vgl. MünchKomm/Schwab § 1789 Rn. 1), erlangt der ausgewählte Vormund seine Rechtsstellung. Dies wird ihm durch ein Zeugnis („Bestallung", § 1791 BGB) bescheinigt; die Bestallung ist jedoch kein Legitimationspapier (Soergel/Zimmermann § 1791 Rn. 1)

3.6.2 Ergänzungspflegschaft

3.6.2.1 Allgemeines

Wenn der oder die Inhaber des Sorgerechts, also Eltern oder Vormund *112* des Kindes, an der Besorgung einer Angelegenheit gehindert sind, dann wird die Sorge durch einen Pfleger ergänzt, § 1909 Abs. 1 Satz 1 BGB. Die Pflegschaft ist gleichsam die kleine Schwester der Vormundschaft (Schwab Rn. 780). Die Bestellung eines Ergänzungspflegers dient anders als Maßnahmen nach §§ 1666, 1666a BGB nicht unmittelbar dem Eingriff in die elterliche Sorge (Klüsener S. 124).

Das Gericht ist in der Auswahl des Pflegers frei, also insbesondere nicht an den Vorschlag der Eltern oder des Vormunds gebunden, die das Erfordernis einer Pflegschaft beim Vormundschaftsgericht angezeigt haben, § 1909 Abs. 2 BGB.

3.6.2.2 Zuständigkeit

Die sachliche Zuständigkeit liegt grundsätzlich beim Amtsgericht (Vor- *113* mundschaftsgericht), § 35 FGG (Klüsener S. 126; Schwab Rn 810). Diese

Zuständigkeit ist jedoch nach der Kindschaftsrechtsreform, die den Zuständigkeitsbereich des Familiengerichts erheblich ausgeweitet hat, nicht mehr unbestritten. Es wird vertreten, soweit die elterliche Sorge (nicht die Sorge eines Vormunds) betroffen sei, müsse das Familiengericht entscheiden (OLG Stuttgart FamRZ 2000, 439; OLG Zweibrücken RPfl 1999, 489). Soweit das Familiengericht – zum Beispiel in einem Verfahren nach § 1666 BGB – eine Pflegschaft für erforderlich hält, § 1697 BGB, kann es jedenfalls den Pfleger selbst bestellen (NF/Künkel S. 503)

Die örtliche Zuständigkeit richtet sich nach §§ 37 Abs. 1 Satz 2, 36 Abs. 1 Satz 1 FGG, 11 Satz 1 BGB (dazu unten 3.8.1.3). Für vorläufige Maßnahmen ist auch das Gericht zuständig, in dessen Bezirk das Fürsorgebedürfnis – also zum Beispiel die tatsächliche Hinderung der Eltern an der Ausübung der Sorge – eintritt, § 44 FGG. Funktionell ist der Rechtspfleger, § 3 Nr. 2a RPflG, zuständig.

Das Verfahren richtet sich nach dem FGG, es gilt also insbesondere der Amtsermittlungsgrundsatz, § 12 FGG, Eltern und Kind sind anzuhören, §§ 50a und b FGG.

3.6.2.3 Verhinderung des Sorgeberechtigten

114 Voraussetzung für die Pflegschaft ist die Verhinderung des sorgeberechtigten, die tatsächliche und rechtliche Ursachen haben kann:

– Tatsächlich verhindert ist ein Elternteil, wenn seine Sorge zeitweise ruht, weil er beispielsweise erkrankt ist. Kann in diesen Fällen die Sorge nicht auf den anderen Elternteil übertragen werden, weil dieser verstorben ist oder eine solche Übertragung nicht im Einklang mit dem Kindeswohl stünde, muß ein Ergänzungspfleger bestellt werden.
  Ruht die Sorge hingegen dauerhaft, ist ein Vormund zu bestellen, §§ 1773 f BGB.

– Rechtliche Verhinderung ist beispielsweise in den Fällen der Vertretungsverbote nach §§ 1629 Abs. 2 Satz 1, 1795, 181 BGB gegeben.

Zunächst ist die Pflegschaft als solche anzuordnen, dann ein Pfleger auszuwählen, der schließlich bestellt werden muß, § 1915 Abs. 1 BGB iVm §§ 1774, 1779, 1789 BGB (vgl. dazu oben 3.6.1).

Bei der Anordnung der Pflegschaft ist der Aufgabenkreis des Pflegers genau zu bestimmen.

3.6.2.4 Rechtsmittel

Gegen die Entscheidung des Vormundschaftsgerichts ist die unbefristete *115*
FGG-Beschwerde gegeben, §§ 11 RPflG, 19 Abs. 1 FGG. Sie hat keine
aufschiebende Wirkung, § 24 Abs. 1 FGG

3.6.2.5 Das Ende der Ergänzungspflegschaft

Die Ergänzungspflegschaft endet, *116*
– sobald die elterliche Sorge oder eine Vormundschaft enden, § 1918
  Abs. 1 BGB.
– wenn die Angelegenheit, für die Pflegschaft angeordnet wurde, erledigt
  ist, § 1918 Abs. 3 BGB. Dieser Beendigungstatbestand greift regelmäßig
  bei rechtlicher Verhinderung des Sorgerechtsinhabers.
– wenn sie aufgehoben wird, § 1919 BGB, weil der Grund für ihre Anordnung, also beispielsweise das vorübergehende Ruhen der Sorge, entfallen ist.

Wird ein Pfleger gegen seinen Willen entlassen, kann er die sofortige
Beschwerde erheben, §§ 60 Abs. 1 Nr. 3, 22 FGG.

3.7 Das Umgangsrecht

3.7.1 Umgang des Kindes mit den Eltern

3.7.1.1 Allgemeines

Das Kind hat unabhängig von der Sorgerechtslage (Lipp/Wagenitz § 1684 *117*
Rz. 3) das subjektive Recht auf den Umgang mit jedem Elternteil, § 1684
Abs. 1 Halbsatz 1 BGB. Im Gegenzug ist jeder Elternteil zum Umgang
mit dem Kind berechtigt und verpflichtet, § 1684 Abs. 1 Halbsatz 2 BGB
(vgl. OLG Bamberg FamRZ 2000, 46; AG Hann. Münden FamRZ 2000,
1599 f). Die Eltern müssen alles unterlassen, was das Verhältnis des Kindes zum jeweils anderen Elternteil belasten könnte, § 1684 Abs. 2 Satz 1
BGB.

Das Umgangsrecht ist wie das Sorgerecht ein sonstiges Recht im Sinne
des § 823 Abs. 1 BGB. Deshalb kann der umgangsberechtigte Elternteil
vom sorgeberechtigten Elternteil, der widerrechtlich den Umgang verhindert, beispielsweise Ersatz für nutzlos aufgewendete Fahrtkosten verlangen, §§ 1684, 823 Abs. 1 BGB (AG Essen FamRZ 2000, 1110).

Ihr Umgangsrecht können die nicht sorgeberechtigten Eltern auch gegenüber dem Vormund des Kindes geltend machen, dessen Vormundschaft zum Zwecke der Durchsetzung des Umgangsrechts im Falle seiner

Weigerung, den Umgang zu ermöglichen, nach § 1666 Abs. 1 BGB beschränkt werden kann (OLG Frankfurt am Main FamRZ 2000, 1240).

Das Kind ist bei der Geltendmachung seines Rechts, weniger der Klage auf positiven Umgang als vielmehr auf Unterlassung von Hindernissen, zu vertreten,

– vom allein sorgeberechtigten Elternteil bei seiner Klage gegen den anderen Elternteil.

– bei gemeinsamer Sorge ist die Vertretung durch einen Elternteil nur bei Übertragung der Alleinsorge für diesen Bereich möglich, § 1671 BGB, ansonsten durch den „Anwalt des Kindes" (Verfahrenspfleger, § 50 FGG, dazu unten 3.8.2).

3.7.1.2 Umgangsregelung durch das Familiengericht

118 Grundsätzlich sind die Eltern (und gegebenenfalls der Vormund) dazu aufgerufen, sich über das Umgangsrecht zu einigen. Hat eine solche Einigung mit Bindungswillen stattgefunden, bedarf es keiner gerichtlichen Umgangsregelung mehr, weil diese Einigung nicht einseitig aufgekündigt werden kann (OLG Zweibrücken FamRZ 2000, 1042 f).

3.7.1.2.1 Zuständigkeit

Ist eine Einigung nicht möglich, kann das Familiengericht im FGG-Verfahren, §§ 64 Abs. 1 FGG, 23b Abs. 1 Nr. 2 GVG, 621a Abs. 1 Nr. 2 ZPO, Umfang und Ausübung des Umgangsrechts regeln, § 1684 Abs. 3 BGB. Die örtliche Zuständigkeit richtet sich nach §§ 64 Abs. 3 Satz 1, 43 Abs. 1, 36 FGG, 621 Abs. 2 Satz 2 ZPO. Funktionell ist der Richter zuständig, § 14 Abs. 1 Nr. 16 RPflG. Ausführlich zum Verfahren unten 3.8.

Das Verfahren muß grundsätzlich mit einer Entscheidung enden, weil der Streitgegenstand der Disposition der Parteien entzogen ist. Das Gericht wird sich aber eine Einigung der Eltern regelmäßig zu eigen machen, wenn sie nicht dem Wohl des Kindes, § 1697a BGB, widerspricht (Kraeft FuR 2000, 357 ff)

3.7.1.2.2 Vollstreckbare Regelung

119 Das Familiengericht muß eine dem Einzelfall angepaßte Regelung treffen, die so detailliert ist, daß möglichst ein Streit zwischen den Eltern ausgeschlossen erscheint und eine Vollstreckung möglich ist, § 33 FGG (dazu unten 3.8.5). Dabei sind die Rechte aller Beteiligten zu berücksichtigen (vgl. BVerfG FamRZ 1993, 662; BVerfG FamRZ 1999, 641 f). Soweit der Wille des Kindes aus berechtigten, nachvollziehbaren Gründen dahingeht, daß es einen Umgang völlig ablehnt, darf der Wille nicht gebrochen werden (OLG Köln FamRZ 2000, 1109). Die Regelung muß z.B. Häufigkeit und Dauer des Zusammentreffens mit dem anderen Elternteil regeln, zu Feiertagen und Ferien (genaues Datum) Stellung nehmen und das Abholen oder Bringen festlegen.

3.7.1.3 Vermittlungsverfahren

Soweit bei der Durchführung der Umgangsregelung Probleme zwischen *120* den Eltern auftreten, können sie in einem gesetzlich geregelten Mediationsverfahren gelöst werden (dazu OLG Zweibrücken FamRZ 2000, 297 f), § 52a FGG. In diesem Verfahren stehen sich die Eltern noch nicht mit Anträgen auf Anwendung von Zwangsmitteln nach § 33 FGG (dazu unten 3.8.5) gegenüber, so daß die Möglichkeit besteht, den Konflikt auszuräumen (Greßmann Rn 488). Jeder Ehegatte kann gerichtliche Vermittlung unter Berufung darauf beantragen, daß sich der andere Teil der gerichtlichen Umgangsregelung widersetze (Greßmann Rn 490). Das Vermittlungsverfahren genießt jedoch keinen Vorrang gegenüber der zwangsweisen Durchsetzung einer Umgangsregelung gemäß § 33 FGG (OLG Bamberg FamRZ 2001, 169). Allerdings soll ab Antrag auf Meditation bis zum Abschluß eines Verfahrens nach § 52a FGG ein Zwangsgeld nach § 33 FGG nicht angedroht werden dürfen (OLG Zweibrücken FamRZ 2000, 299).

Das Gericht kann die Vermittlung durch Beschluß mangels Erfolgsaussichten ablehnen. Auch das Scheitern des Verfahrens ist durch Beschluß auszusprechen. Anschließend prüft das Gericht, ob Maßnahmen in Betracht kommen:

– Zwangsmittel, § 33 FGG (dazu unten 3.8.5)
– Änderung der bisherigen Regelung zu Sorge und Umgang, § 1696 Abs. 1 BGB
– Maßnahmen zum Schutz des Kindes, § 1666 BGB (dazu oben 3.3.3.3)

Ist die Vermittlung gelungen, protokolliert das Gericht die Vereinbarung.

Das Verfahren ist gerichtskostenfrei (BT-Drucks. 13/4899 S. 135). Der *121* Gegenstandswert dürfte 5000 DM betragen, § 30 Abs. 2 und 3 KostO. Die Anwaltsgebühren richten sich nach § 118 BRAGO. Unklar ist, ob für das Verfahren nach § 52a FGG PKH beantragt werden kann, was wünschenswert wäre, denn die Alternative wäre beispielsweise ein Verfahren nach § 33 FGG oder § 1696 BGB, für das PKH beantragt werden könnte. Diese Verfahren sollen aber gerade verhindert werden.

3.7.1.4 Befugnisse des umgangsberechtigten Elternteils

122 Hält sich das Kind im Wege des Umgangs bei einem sorgeberechtigten Ehegatten auf, so regeln sich dessen Befugnisse nach § 1687 BGB (dazu oben 3.4.5).

Der nicht sorgeberechtigte Elternteil, bei dem sich das Kind im Rahmen des Umgangsrechts aufhält, hat folgende Befugnisse:

– Solange sich das Kind aufgrund elterlichen Einvernehmens oder gerichtlicher Entscheidung bei dem anderen Elternteil aufhält, kann dieser in Angelegenheiten der tatsächlichen Betreuung allein entscheiden, §§ 1687a, 1687 Abs. 1 Satz 4 BGB, soweit das Familiengericht nichts anderes anordnet, § 1687 Abs. 2 BGB.
– Bei Gefahr im Verzug ist er zu allen Maßnahmen, die das Kindeswohl erfordert befugt, und muß anschließend den anderen Elternteil unverzüglich davon unterrichten, §§ 1687a, 1687 Abs. 1 Satz 5, 1629 Abs. 1 Satz 4 BGB.
– Die Eltern haben überdies auch die Möglichkeit, einander durch formfreie Vollmachten erweiterte Handlungsfreiheit einzuräumen.

3.7.1.5 Auskunftsanspruch

123 Die Eltern sind sich nach § 1686 Satz 1 BGB gegenseitig zur Auskunft über die persönlichen Verhältnisse des Kindes verpflichtet, wenn

– berechtigtes Interesse an der Auskunft besteht, was vor allem dann der Fall ist, wenn sich der Elternteil die Informationen nicht selbst beschaffen kann, und
– die Auskunft nicht dem Kindeswohl widerspricht.

3.7.2 *Einschränkung und Entzug des elterlichen Umgangsrechts*

124 Das Familiengericht kann in einem gegenüber der Regelung des Sorgerechts selbständigen Verfahren (BayObLG FamRZ 1999, 318) das Umgangsrecht bis zum Ausschluß des Umgangs einschränken, § 1684 Abs. 4 BGB. Maßstab ist immer das Kindeswohl, § 1697a BGB.

Der Ausschluß des Umgangsrechts ist nur gerechtfertigt, wenn keine milderen Mittel, etwa der Umgang in Gegenwart Dritter, § 1684 Abs. 4 Satz 3 und 4 BGB, in Betracht kommen (OLG Schleswig FamRZ 2000, 48 f; OLG Bamberg FamRZ 2000, 43). Er stellt demnach die Ausnahme das (OLG Thüringen FamRZ 2000, 47).

Das Umgangsrecht oder der Vollzug früherer gerichtlicher Umgangsentscheidungen können zeitweise eingeschränkt werden, soweit dies für das Kindeswohl erforderlich ist, § 1684 Abs. 4 Satz 1 BGB; dann ist die Zeitdauer genau festzulegen (vgl. OLG Celle FamRZ 1998, 974).

Nur im Falle einer Kindeswohlgefährdung kann das Umgangsrecht für längere Zeit oder auf Dauer eingeschränkt oder entzogen, § 1684 Abs. 4 Satz 2 BGB. Die Vorschrift ist parallel zur Einschränkung/Entzug des Sorgerechts nach §§ 1666, 1666a BGB konstruiert. Erforderlich ist also eine nachhaltige Gefährdung der seelischen oder körperlichen Entwicklung, der nicht anders begegnet werden kann (OLG Hamm FamRZ 1999, 326; OLG Köln FamRZ 2000, 1109). Wie lange eine „längere Zeit" ist, wurde in der Rechtsprechung bislang noch nicht konkretisiert.

Gründe für eine Maßnahme nach § 1684 Abs. 4 Satz 2 BGB können bei-   *125*
spielsweise sein:

- Gefahr der Entführung des Kindes durch den Elternteil (AG Kerpen FamRZ 2000, 50 f; OLG Köln FamRZ 2000, 1109).

- Sexueller Mißbrauch des Kindes durch den Elternteil oder starker Verdacht eines Mißbrauchs (AG Essen FamRZ 2000, 1110, zum alten Recht OLG Bamberg FamRZ 1994, 719).

Es kommt hingegen ein Ausschluß nicht in Betracht, wenn

- Spannungen zwischen den Eltern vorliegen (OLG Hamm FamRZ 1999, 326; OLG Thüringen FamRZ 2000, 47).

- das Kind den Umgang ablehnt, ohne dies plausibel begründen zu können (OLG Köln FamRZ 2000, 1109; vgl. auch OLG Bamberg FamRZ 2000, 46; Gegenbeispiel bei OLG Hamm FamRZ 2000, 45).

- der Kontakt zwischen dem Kind und dem Elternteil über mehrere Jahre hinweg unterbrochen war (OLG Braunschweig FamRZ 1999, 185); insbesondere kann das Umgangsrecht nicht verwirkt werden.

- „Ermittlungstaktische" Gesichtspunkte (Nichtbeeinflussung der Kinder als Zeugen) dies erfordern (OLG Bamberg FamRZ 2000, 43).

3.7.3 Verzicht auf das elterliche Umgangsrecht

Nicht nur die Eltern, sondern auch das Kind haben das Recht zum Um-   *126*
gang miteinander. Deshalb kann ein Elternteil auch nicht einfach auf den Umgang verzichten. Etwas anderes kann jedoch gelten, wenn der Verzicht gerade zum Wohl des Kindes erfolgt (AG Essen-Steele FamRZ 2000,1109).

3.7.4 Umgang des Kindes mit anderen Personen

127 Nach neuem Recht haben auch andere Bezugspersonen des Kindes ein Umgangsrecht, das sie den Eltern gegenüber geltend machen können, wenn dies dem Wohl des Kindes dient. Dieses Recht korrespondiert allerdings anders als bei den Eltern nicht mit einer Umgangspflicht.

3.7.4.1 Personenkreis

In Betracht kommen zunächst Großeltern und Geschwister des Kindes, § 1685 Abs. 1 BGB. Überdies Ehegatten, frühere Ehegatten, eingetragene Lebenspartner und frühere eingetragene Lebenspartner eines Elternteils, mit denen das Kind längere Zeit im häuslicher Gemeinschaft gelebt hat sowie andere Pflegepersonen, § 1685 Abs. 2 BGB. Bei ihnen wird – anders als bei den Geschwistern und Großeltern – der Nachweis erforderlich, daß tatsächlich eine Bindung des Kindes besteht, daß sie echte Bezugspersonen sind. Das ergibt sich aus dem Tatbestandsmerkmal „längere Zeit" (vgl. dazu BVerfG FamRZ 2000, 413).

Die Aufzählung in § 1685 BGB ist abschließend. Deshalb gehören Onkel und Tanten des Kindes (OLG Zweibrücken FamRZ 1999, 1161) oder nicht eheliche Lebensgefährten der Eltern (OLG Bamberg FamRZ 2000, 44; zum gleichgeschlechtlichen Lebensgefährten OLG Hamm FamRZ 2000, 1600) nicht zum Kreis der Umgangsberechtigten. Unabhängig davon können sie freilich über § 1666 BGB ein Umgangsrecht erhalten (OLG Zweibrücken FamRZ 1999, 1161).

Der Ehegatte eines allein sorgeberechtigten Elternteils, der nicht Elternteil des Kindes ist, nicht hingegen der eingetragene Lebenspartner, hat im Einvernehmen mit dem sorgeberechtigten Elternteil die Befugnis zur Entscheidung in Angelegenheiten des täglichen Lebens, § 1687b Abs. 1 Satz 1 BGB, und eine umfassende Befugnis zu Rechtshandlungen bei Gefahr im Verzug, § 1687b Abs. 2 BGB. Das gilt jedoch nicht, wenn
– die Ehegatten nicht nur vorübergehend getrennt leben, § 1687b Abs. 4 BGB.
– das Familiengericht abweichendes angeordnet hat, § 1687b Abs. 3 BGB.

3.7.4.2 Kindeswohl

128 Es müssen von dem Umgang mit den anderen Personen positive Einflüsse auf das Kindeswohl zu erwarten sein (OLG Hamm FamRZ 2000, 1110), was für den Einzelfall zu ermitteln ist; es besteht keineswegs die Regel, daß etwa der Umgang mit den Großeltern für das Kind immer förderlich ist (Rauscher FamRZ 1998, 337). Die Beweislast dafür liegt bei der Person, die den Umgang begehrt, also etwa den Großeltern (OLG Hamm FamRZ 2000, 1601). Das Erziehungsrecht der Eltern genießt Vorrang vor dem Umgangsrecht (OLG Koblenz FamRZ 2000, 1111).

3.7.4.3 Streitigkeiten

Bei Streitigkeiten über das Umgangsrecht Dritter ist das Familiengericht *129* für den Erlaß einer Umgangsregelung zuständig; es kann den Umgang auch beschränken oder ausschließen, § 1685 Abs. 3, 1584 Abs. 3 und 4. Zum Verfahren kann auf die Ausführungen zum elterlichen Umgang verwiesen werden (oben 3.7.1 und 3.7.2). Gegen eine Entscheidung über den Umgang des Kindes mit dem Eltern der Mutter hat der Vater des Kindes kein Beschwerderecht (KG FamRZ 2000, 1520).

3.8 Das Verfahren vor dem Familiengericht in Sorgerechts- und Umgangsangelegenheiten

Sämtliche unter 3.2, 3.3, 3.4, 3.5 und 3.7 erörterten Entscheidungen des *130* Familiengerichts werden im FGG-Verfahren getroffen. Es gelten die im folgenden geschilderten Regeln.

3.8.1 Zuständigkeit

3.8.1.1 Internationale Zuständigkeit

Bei Sachverhalten mit Auslandsberührung ist zunächst die Internationale Zuständigkeit des Familiengerichts zu erörtern. Sie richtet sich nach §§ 621a Abs. 1 ZPO, 64 Abs. 3 Satz 2, 35b FGG, es sei denn internationale Übereinkommen enthalten vorrangige Regelungen. Dabei ist zunächst das HKÜ, anschließend das MSA zu prüfen.

Das Haager Kindesentführungsabkommen (Text bei Palandt/Heldrich *131* Art 24 EGBGB Rn 62 ff) ist anwendbar, wenn die Rückgabe von oder der Umgang mit Kindern, die in einen Vertragsstaat (Liste bei Palandt/Heldrich Art. 24 EGBGB Rn 59) entführt wurden, erstrebt wird. Folge einer Anwendung des HKÜ ist, daß die Behörden und Gerichte des Herkunftsstaates für Sorgerechtsentscheidungen zuständig bleiben, Art. 16 HKÜ. Herkunftsstaat ist das Land, in dem das Kind vor der widerrechtlichen Verbringung oder Zurückhaltung (Entführung) seinen gewöhnlichen Aufenthalt hatte (grundlegend zum HKÜ BVerfG FamRZ 1999, 85 ff; FA-FamR/Oelkers 4/838 ff).

Zentrale Behörde bei der Durchführung des HKÜ ist der Generalbundesanwalt beim BGH, § 1 SorgeRÜbkAG. Für Maßnahmen, die zum Zweck der Zurückführung des Kindes in den Herkunftsstaat zu ergreifen sind, ist das Familiengericht zuständig, in dessen Bezirk sich ein OLG befindet, § 5 SorgeRÜbkAG.

Für das Rückführungsverfahren nach HKÜ kann PKH beantragt werden, § 13 SorgeRÜbkAG.

132 Auch das Haager Minderjährigenschutzabkommen (MSA, zum Anwendungsbereich oben 3.1.1) verdrängt die Regelungen der ZPO (Schwab/Motzer III/300).

Zuständig ist nach Art. 1 MSA jeweils das zuständige Gericht oder die Zuständige Behörde des Landes, in dem der Minderjährige sich gewöhnlich aufhält. Damit sind deutsche Gerichte nicht für alle deutschen Staatsbürger zuständig. Ausnahmen hierzu enthalten Art. 3 ff MSA; eine besonders wichtige Ausnahme gewährt Art. 4 Abs. 1 MSA für Fälle, in denen das Gericht der Staatsangehörigkeit besseren Schutz gewährleisten kann.

133 Greifen weder HKÜ noch MSA, richtet sich die internationale Zuständigkeit deutscher Gerichte nach § 621a Abs. 1 ZPO, 64 Abs. 3 Satz 2, 35b FGG.

Danach sind deutsche Gerichte zuständig, wenn das Kind

– die deutsche Staatsangehörigkeit besitzt, § 35b Abs. 1 Nr. 1 FGG,

– seinen gewöhnlichen Aufenthalt in Deutschland hat, § 35b Abs. 1 Nr. 2 FGG, oder

– der Fürsorge durch ein deutsches Gericht bedarf, § 35b Abs. 2 FGG.

Die Zuständigkeit deutscher Gerichte ist nicht ausschließlich, § 35b Abs. 3 FGG.

3.8.1.2 Sachliche Zuständigkeit

134 Die sachliche Zuständigkeit für nahezu alle Verfahren in Angelegenheiten des Sorge- und Umgangsrechts liegt ausschließlich beim Amtsgericht (Familiengericht). Das ergibt sich aus der entsprechenden Zuständigkeitsanordnung im BGB, vgl. etwa § 1632 Abs. 3 BGB, in Verbindung mit §§ 64 Abs. 1 FGG, 23b Abs. 1 Satz 2 Nr. 2 GVG, 621 Abs. 1 Nr. 1 bis 3 ZPO. Lediglich für Vormundschaft und Ergänzungspflegschaft liegt die sachliche Zuständigkeit beim Vormundschaftsgericht (dazu oben 3.6).

3.8.1.3 Örtliche Zuständigkeit

Die örtliche Zuständigkeit richtet sich gemäß § 621 Abs. 2 Satz 2 ZPO *135*
nach den allgemeinen Vorschriften, weil keine Ehesache anhängig ist
(isolierte Familiensachen). Es gelten also §§ 621a Abs. 1 ZPO, 64 Abs. 3
Satz 1, 43 Abs. 1, 36 Abs. 1 FGG, zuständig ist demnach:

– das Gericht, in dessen Bezirk das Kind seinen Wohnsitz hat, §§ 36
  Abs. 1 Satz 1 Alt. 1 FGG, 7 Abs. 1, 11 Satz 1 und 2 BGB. Sind beide
  Eltern sorgeberechtigt und haben verschiedene Wohnsitze, so hat das
  Kind zwei Wohnsitze, so daß der Anspruch wahlweise beim einen oder
  anderen Wohnsitzgericht geltend gemacht werden kann (OLG Naumburg FamRZ 2000, 545; BayObLG FamRZ 2000, 166).
– das Gericht, in dessen Bezirk das Kind seinen Aufenthalt hat, wenn es
  an einem Wohnsitz in Deutschland fehlt, § 36 Abs. 1 Satz 1 Alt. 2 FGG.
– das Amtsgericht (Familiengericht) Berlin-Schöneberg, wenn das Kind
  die deutsche Staatsbürgerschaft besitzt, aber weder Wohnsitz noch Aufenthalt in Deutschland hat, § 36 Abs. 2 Satz 1 FGG. Das Gericht kann
  die Sache aus wichtigen Gründen mit Bindungswirkung an ein anderes
  Gericht abgeben, § 36 Abs. 2 Satz 2 FGG.
– das Gericht, in dessen Gericht das Fürsorgebedürfnis hervortritt, wenn
  das Kind nicht die deutsche Staatsbürgerschaft besitzt, § 36 Abs. 3
  FGG.
– das Gericht, in dem das Kind aufgefunden wurde, wenn es an den zur
  Ermittlung einer anderen Zuständigkeit erforderlichen Daten fehlt,
  § 36 Abs. 4 FGG.

3.8.1.4 Funktionelle Zuständigkeit

Grundsätzlich ist für sämtliche Familiensachen der Rechtspfleger funk- *136*
tionell zuständig, § 3 Nr. 2a RPflG. Allerdings enthält § 14 Abs. 1 RPflG
einen umfangreichen Katalog von Angelegenheiten, die dem Richter vor-
behalten bleiben. Hierauf wurde in den materiellrechtlichen Erörterun-
gen jeweils hingewiesen.

3.8.2 Verfahren

Bei Familiensachen, die die elterliche Sorge, den Umgang oder die Her- *137*
ausgabe des Kindes betreffen, handelt es sich um FGG-Familiensachen,
§ 621a Abs. 1 Satz 1 ZPO.

Es gilt also insbesondere der Amtsermittlungsgrundsatz, § 12 FGG. Das
Gericht muß alle Personen, die von der Entscheidung betroffen sein können (materiell Beteiligte) anhören, Art. 103 Abs. 1 GG. Das sind insbe-

sondere die Eltern, § 50a Abs. 1 Satz 2 FGG, und das Kind, § 50b FGG. Außerdem ist das Jugendamt anzuhören, §§ 49 und 49a FGG. Verletzt das Gericht diese Pflicht, ist der Beschluß vom Beschwerdegericht aufzuheben und die Sache an das Amtsgericht (Familiengericht) zurückzuverweisen, § 539 ZPO analog.

138   Für das Kind ist, sobald ein Interessengegensatz zwischen ihm und seinem gesetzlichen Vertreter erkennbar wird, § 50 Abs. 2 Satz 1 Nr. 1 FGG, von Amts wegen ein Verfahrenspfleger („Anwalt des Kindes") zu bestellen (BVerfG FamRZ 1999, 85 ff; OLG Hamm FamRZ 1999, 42; anders trotzdem OLG Frankfurt FamRZ 1999, 1294). Das kann insbesondere in Verfahren nach §§ 1666, 1671, 1672 BGB der Fall sein. Die Nichtbestellung bedarf der besonderen Begründung, § 50 Abs. 2 FGG. Die Bestellung des Verfahrenspflegers ist eine verfahrensleitende Verfügung des Gerichts, die keinen erheblichen Eingriff in die Rechts der Beteiligten mit sich bringt und deshalb nicht mit einer Beschwerde angegriffen werden kann (OLG Zweibrücken FamRZ 2001, 170; OLG Naumburg FamRZ 2001, 170).

3.8.3 Einstweiliger Rechtsschutz

139   Das zuständige Gericht erster Instanz, im Rechtsmittelverfahren das Berufungsgericht, kann im Verfahren über isolierte FGG-Familiensachen vorläufige Anordnungen treffen, soweit dies aus Gründen des Kindeswohls dringend geboten ist (vgl. OLG Köln FamRZ 2000, 1240). Auch die vorläufige Anordnung eines unzuständigen Gerichts ist wirksam, §§ 621a Abs. 1 ZPO, 7 FGG (Dose Rn. 197).

Auf die Anhörung von Eltern, Kind und Jugendamt kann bei Eilbedürftigkeit verzichtet werden, sie ist dann jedoch nachzuholen, §§ 49 Abs. 4, 49a Abs. 2, 50a Abs. 3 Satz 2, 50b Abs. 3 Satz 2 FGG.

Gegen die vorläufige Anordnung ist die unbefristete FGG-Beschwerde zum OLG gegeben, § 19 FGG. Die Anordnung tritt mit der Hauptsacheentscheidung außer Kraft (OLG München FamRZ 1999, 1006).

3.8.4 Rechtsmittel

3.8.4.1 Beschwerde

140   Gegen den Beschluß des Familiengerichts ist die Beschwerde zum OLG, § 119 Nr. 2 GVG, möglich, § 621e Abs. 1 ZPO. Das gilt auch für Entscheidungen des Rechtspflegers, § 11 Abs. 1 RPflG. Die Beschwerde hat keinen Suspensiveffekt, § 24 Abs. 1 FGG.

Gegenstand der Beschwerde ist der Verfahrensgegenstand aus dem ersten Rechtszug, über den das Gericht, soweit die Beschwerde reicht, frei entscheiden kann.

Erfolgreich ist die Beschwerde unter anderem auch bei der Verletzung der Anhörungspflichten aus §§ 49 ff FGG und bei einer zu kurzen oder formelhaften Begründung des Beschlusses (OLG München FamRZ 1999, 521).

Die Beschwerde ist innerhalb einer Notfrist von einem Monat durch Einreichung einer Beschwerdeschrift beim Beschwerdegericht einzulegen, §§ 621e Abs. 3, 516 ZPO. Sie ist innerhalb eines Monats nach ihrer Einlegung zu begründen, §§ 621e Abs. 3 Satz 2, 519 Abs. 2 Satz 1 und 2. Diese Frist kann verlängert werden, §§ 621e Abs. 3 Satz 2, 519 Abs. 2 Satz 3.

Beschwerdebefugt ist nur, wer behaupten kann, durch die Entscheidung beeinträchtigt zu sein, §§ 621e Abs. 1 ZPO, 20 Abs. 1 FGG. In einem Antragsverfahren kann das nur der Antragsteller sein, § 20 Abs. 2 FGG.

Minderjährige können ab Vollendung des vierzehnten Lebensjahres ihr Beschwerderecht ohne Mitwirkung des gesetzlichen Vertreters ausüben, § 59 Abs. 1 Satz 1 und Abs. 3 FGG.

Für das Beschwerdeverfahren besteht kein Anwaltszwang, § 78 Abs. 2 Satz 1 Nr. 3 ZPO.

3.8.4.2 Weitere Beschwerde

Gegen die Entscheidung des Beschwerdegerichts ist die weitere Beschwerde zum BGH, § 133 Nr. 2 GVG, möglich, wenn das OLG die Beschwerde als unzulässig verworfen oder die weitere Beschwerde zugelassen hat, § 621e Abs. 2 Satz 1 ZPO. Bayerische Oberlandesgerichte müssen bei der Zulassung auch entscheiden, ob das Gericht der weiteren Beschwerde das BayObLG oder der BGH ist. Es besteht Anwaltszwang, § 78 Abs. 2 Satz 1 Nr. 3 ZPO. *141*

3.8.5 Vollstreckung (Beugemittel)

Die Entscheidung des Familiengerichts ist, soweit sie nicht unmittelbar rechtsgestaltende Wirkung hat, gegebenenfalls nach § 33 FGG zu vollstrecken. Zu vollstrecken ist beispielsweise der Herausgabeanspruch aus § 1632 BGB (dazu oben 3.2.2) oder eine Umgangsregelung (dazu oben 3.7.1). *142*

Das Verfahren nach § 33 FGG ist ein eigenständiges Verfahren. Zwangsmittel sind Zwangsgeld, Zwangshaft und Anwendung von Gewalt. Ihre Anordnung erfolgt durch den Richter oder Rechtspfleger, der die Hauptsacheentscheidung gefällt hat; dabei ist jedoch zu beachten, daß der Rechtspfleger keine Zwangshaft anordnen darf, § 4 Abs. 2 RPflG. Bereits gegen die Androhung einer Zwangsmaßnahme nach § 33 FGG ist die Beschwerde zulässig, §§ 19 ff FGG.

Das Zwangsgeldverfahren erfordert einen schuldhaften Verstoß beispielsweise gegen die gerichtliche Umgangsregelung (OLG Bamberg FamRZ 2000, 489). Zuvor muß die Festsetzung des Zwangsgeldes angedroht werden, § 33 Abs. 3 Satz 1 FGG, was aber schon im Rahmen der Hauptsacheentscheidung geschehen kann.

Beim Betreten einer Wohnung – beispielsweise um ein Kind wegzunehmen – handelt es sich um eine Durchsuchung im Sinne des Art. 13 Abs. 2 GG (BVerfG NJW 2000, 943). Sehr fraglich ist, ob § 33 Abs. 2 FGG allein eine hinreichende gesetzliche Grundlage für die Durchsuchung gibt.

143 Auch eine ausländische Sorgerechtsentscheidung kann nach § 33 FGG vollstreckt werden. Stammt sie von dem Gericht eines Mitgliedsstaates des Europäischen Sorgerechtsübereinkommens (ESÜ), ist sie ohne weiteres anzuerkennen und zu vollstrecken.

Ansonsten richtet sich die Anerkennung und Vollstreckbarkeit nach § 16a FGG, der ebenfalls von der Anerkennung und Vollstreckbarkeit ausgeht, es sei denn

– das ausländische Gericht war nach deutschem Recht unzuständig,
– es wurden substantielle Verfahrensgrundsätze verletzt,
– die Entscheidung widerspricht einer vorrangigen anderen Entscheidung, oder
– der Anerkennung und Vollstreckung würde den ordre public verletzen, also insbesondere mit der deutschen Grundrechtsordnung unvereinbar sein.

3.8.6 Gebühren

144 Der Regelstreitwert bei Sorgerechtssachen beträgt 5.000 DM, § 30 Abs. 2 und 3 KostO (OLG Nürnberg, FamRZ 2000, 687; OLG Düsseldorf FamRZ 2000, 686).

Bei besonders schwierigen und umfangreichen Fällen (OLG Thüringen FamRZ 2000, 968) oder bei vorherigem Erlaß einer vorläufigen Anordnung (vgl. OLG Karlsruhe FamRZ 1999, 797) kann der Wert höher sein, war der Aufwand des Gerichts im Vergleich zum Normalfall deutlich vermindert oder wurde nur über einen Teil der elterlichen Sorge gestritten, kann der Wert auch niedriger sein (z. B. OLG Hamm FamRZ 2000, 686: 500 DM).

Die Gerichtskosten für das erstinstanzliche Verfahren sind nach § 94 Abs. 1 KostO, für die Beschwerden nach § 131 KostO zu ermitteln.

Die Rechtsanwaltsgebühren richten sich nach § 118 BRAGO, wobei die Beweisaufnahmegebühr nicht schon durch die nach §§ 49 ff FGG vorgeschriebenen Anhörungen ausgelöst wird; beim Vergleich wird eine Vergleichsgebühr nach § 23 BRAGO fällig.

3.8.7 Die Finanzierung des Verfahrens

3.8.7.1 PKV

Zum Unterhalt, den die Eltern dem minderjährigen Kind nach §§ 1601,   *145* 1610 BGB schulden, gehören auch die Kosten notwendiger Prozesse (Schwab/Borth IV 65; zum volljährigen Kind OLG Hamm FamRZ 2000, 255; Dose Rn. 107).

Voraussetzung ist, daß der Rechtsstreit eine persönliche Angelegenheit des Kindes betrifft, wovon bei Fragen der Sorge auszugehen ist, hinreichende Aussichten auf Erfolg hat (vgl. § 114 ZPO) und die Leistung von PKV der Billigkeit entspricht (Dose Rn. 109 ff). Ein Beispiel für eine Beteiligung des Kindes an einem Verfahren, das das Sorgerecht betrifft, wäre der Widerspruch des Kindes gegen eine Sorgerechtsübertragung nach § 1671 BGB (dazu oben 3.5.3).

Auch derjenige Elternteil, der seine Unterhaltspflicht schon durch die Pflege und Erziehung des Kindes erfüllt, § 1606 Abs. 3 Satz 2 BGB, kann Anspruchsgegner des Kindes sein (OLG Köln FamRZ 1999, 792).

Das OLG Koblenz FamRZ 1999, 241 nimmt einen PKV-Anspruch auch gegen die Großeltern als Unterhaltsschuldner an.

Um die Finanzierung eines Verfahrens in Sorgerechtsangelegenheiten für das Kind als Verfahrensbeteiligten zu sichern, kann es nach § 621f Abs. 1 ZPO bereits im Wege einstweiliger Anordnung einen Prozeßkostenvorschuß vom Unterhaltsschuldner verlangen.

3.8.7.2 PKH

Es besteht außerdem die Möglichkeit, PKH zu beantragen, §§ 114 ff   *146* ZPO, die bei Vorliegen der wirtschaftlichen und persönlichen Voraussetzungen zu gewähren ist. Dabei dürfen, um den Zugang zur Gerichtsbarkeit nicht unzumutbar zu erschweren, die Anforderungen nicht überspannt werden (BVerfG FamRZ 1993, 665). Zum Vermögen eines Kindes gehört auch ein durchsetzbarer Anspruch auf PKV gegen seine Eltern (OLG Nürnberg FamRZ 2001, 233).

4. Der Name des Kindes nicht verheirateter Eltern

Im Namensrecht wurde die Unterscheidung von ehelicher und nichtehelicher Geburt aufgegeben und durch eine Unterscheidung nach der Sorgerechtslage ersetzt. Damit wird deutlicher als bisher, daß das Recht zur Bestimmung des Kindesnamens in der elterlichen Sorge wurzelt. Nachdem sich jedoch die Sorgerechtslage nach dem Bestehen einer Ehe zwischen den Eltern des Kindes richtet (dazu oben 3.), sind auch im Namensrecht erhebliche Unterschiede geblieben.

147

4.1 Anwendbares Recht

Art. 10 Abs. 3 EGBGB eröffnet für die Bestimmung des Familiennamens bei Sachverhalten mit Auslandsberührung die Wahl zwischen dem Namensrecht verschiedener Rechtsordnungen, nämlich:

148

– dem Recht des Staates, dem ein Elternteil angehört, ungeachtet des Art. 5 Abs. 1 EGBGB, dessen Schranken bei mehrfacher Staatsbürgerschaft des Elternteils entfallen, so daß dieser Ehegatte das Recht jedes Staates, dem er angehört, wählen kann,

– dem deutschen Recht, wenn ein Elternteil seinen gewöhnlichen Aufenthalt in Deutschland hat, oder

– dem Recht des Staates, dem eine den Namen erteilende Person, die nicht Elternteil ist, angehört. Diese Möglichkeit spielt bei der Einbenennung (dazu unten 4.2.2.5) eine Rolle.

Das Wahlrecht ist für alle Kinder eines Elternpaares einheitlich auszuüben.

Die Wahl deutschen Rechts als Recht des gewöhnlichen Aufenthalts des Kindes dürfte allerdings dann, wenn beide Eltern nicht die deutsche Staatsangehörigkeit besitzen, nicht sinnvoll sein. Die meisten Staaten werden diese Rechtswahl nicht anerkennen; Folge ist eine „hinkende Namensführung", denn im deutschen Geburtsregister steht dann ein anderer Name als im Paß des Kindes (NF/Henrich S. 523).

Etwas anderes ist nur dann empfehlenswert, wenn die Eltern anstreben, dauerhaft in Deutschland zu leben.

4.2 Der Zuname (Familienname) nach deutschem Recht

4.2.1 Der Geburtsname

149 Geburtsname ist der Zuname, den das Kind bei der Geburt erhält. Die Erteilung dieses Namens ist Bestandteil der elterlichen Sorge. Deshalb ist bei der Bestimmung des Geburtsnamens grundsätzlich zwischen Kindern gemeinsam sorgeberechtigter Eltern und Kindern, für die nur ein Elternteil sorgeberechtigt ist, zu unterscheiden.

4.2.1.1 Geschiedene Eltern

150 Waren die Eltern verheiratet und wird das Kind erst nach Auflösung der Ehe geboren, so erhält das Kind allerdings unabhängig von den sorgerechtlichen Verhältnissen den Ehenamen als Geburtsnamen, wenn ihn beide Elternteile auch nach der Scheidung noch führen, § 1616 BGB (Greßmann Rn. 145).

Führt ein Ehegatte einen unechten Doppelnamen, § 1355 Abs. 4 Satz 1 BGB, so geht er nicht auf das Kind über.

4.2.1.2 Gemeinsam sorgeberechtigte nicht verheiratete Eltern

151 Nicht verheiratete Eltern können bei der Geburt des Kindes entweder den Zunamen der Mutter oder des Vaters als Geburtsnamen wählen, § 1617 Abs. 1 Satz 1 BGB. Die gemeinsame Bestimmung des Geburtsnamens erfordert jedoch, daß das Kind bereits mit der Geburt dem Vater zugeordnet ist (oben 2.) und beide Elternteile zu diesem Zeitpunkt sorgeberechtigt sind (oben 3.4).

4.2.1.2.1 Gemeinsame Bestimmung des Namens

Die Eltern können mit der Geburtsanzeige ihre Erklärungen zur Namensbestimmung mündlich gegenüber dem Standesbeamten abgeben, § 17 Abs. 2 PStG. Es handelt sich dabei um amtsempfangsbedürftige Willenserklärungen, § 130 Abs. 1 BGB, die bedingungs- und befristungsfeindlich sind (Lipp/Wagenitz § 1617 Rn. 29 ff). Es gelten die Regelungen des Allgemeinen Teils, insbesondere auch das Recht der Willensmängel, §§ 116 ff BGB.

Geben die Eltern die Erklärungen erst nach Anzeige der Geburt ab, so sind sie öffentlich zu beglaubigen, §§ 1617 Abs. 1 Satz 2, 129 BGB.

Ist ein Elternteil beschränkt geschäftsfähig, so kann er seine Erklärung nur mit formfreier Zustimmung des gesetzlichen Vertreters, regelmäßig also seiner Eltern, §§ 1626, 1629 BGB, abgeben, §§ 1673 Abs. 2 Satz 2, 182 Abs. 2 BGB.

4.2.1.2.2 Bestimmung des Namens durch einen Elternteil

Haben die gemeinsam sorgeberechtigten Eltern innerhalb eines Monats *152* nach der Geburt des Kindes keinen Namen bestimmt, überträgt das Familiengericht, das von Amts wegen tätig wird, die Bestimmung des Geburtsnamens einem Elternteil, § 1617 Abs. 2 Satz 1 BGB. Dabei hat es das Kindeswohl als Maßstab anzulegen, § 1697a BGB.

Das Familiengericht, §§ 64 Abs. 1 FGG, 23b Abs. 1 Satz 2 Nr. 2 GVG, kann für die Ausübung des Bestimmungsrechts eine Ausschlußfrist setzen, nach deren Ablauf das Kind zwingend den Namen des bestimmungsberechtigten Teils erhält, § 1617 Abs. 2 Satz 3 und 4 BGB. Die örtliche Zuständigkeit richtet sich nach dem Wohnsitz des Kindes, §§ 64 Abs. 3 Satz 1, 43 Abs. 1, 36 Abs. 1 FGG, 621a Abs. 1 ZPO, 11 Satz 1 BGB. Wohnen die gemeinsam sorgeberechtigten Eltern an verschiedenen Orten, so kann das Kind zwei Wohnsitze haben. Dann besteht eine Wahl zwischen beiden Gerichtsständen, das zuerst angerufene Gericht ist zuständig. Die funktionelle Zuständigkeit für diese Maßnahme liegt beim Richter, §§ 8 Abs. 4, 14 Abs. 1 Nr. 5 RPflG.

Die Entscheidung erfolgt durch unanfechtbaren und unabänderlichen Beschluß, der nicht begründet werden muß, § 46a FGG. Der Beschluß wird mit Bekanntgabe an den bestimmungsberechtigten Elternteil wirksam (Wagenitz/Bornhofen § 1616 Rn. 91).

Ist das Kind im Ausland geboren, erfolgt die Übertragung des Bestimmungsrechts auf ein Elternteil nur auf Antrag eines Elternteils oder des Kindes oder wenn die Eintragung in einen deutschen Ausweis oder ein deutsches Personenstandsbuch erforderlich ist, § 1617 Abs. 3 BGB.

Auch die einseitige Bestimmung des Geburtsnamens ist durch Abgabe einer Willenserklärung gegenüber dem Standesbeamten auszuüben.

Stirbt der bestimmungsberechtigte Elternteil oder verliert er aus anderen Gründen das Sorgerecht für das Kind (Entzug oder Ruhen der Sorge), fällt das Bestimmungsrecht dem anderen Elternteil zu (Lipp/Wagenitz § 1617 Rn. 73).

4.2.1.2.3 Änderung der sorgerechtlichen Verhältnisse

Ist der Name des Kindes nach § 1617 BGB bestimmt worden, ändert er *153* sich durch eine spätere Veränderung der sorgerechtlichen Verhältnisse nicht (Schwab Rn. 504).

Eine Ausnahme gilt jedoch für die Veränderung im Zeitraum zwischen Geburt und Namensbestimmung durch Erklärung gegenüber dem Standesbeamten. Für die Namensbestimmung ist dann die aktuelle Sorgerechtslage bei der Erklärung entscheidend (Lipp/Wagenitz § 1617 Rn. 8). Sind also etwa bei Geburt des Kindes beide Eltern sorgeberechtigt, wird aber eine Woche nach der Geburt einem Elternteil die Sorge entzogen, § 1666 BGB, oder verstirbt dieser Elternteil, so ist nunmehr der allein sorgeberechtigte Teil zur Bestimmung des Namens berechtigt. Das Wahlrecht zwischen den Namen beider Elternteile bleibt jedoch erhalten. Gleiches gilt, wenn die elterliche Sorge eines Teils aufgrund von Geschäftsunfähigkeit ruht, §§ 1673 Abs. 1, 1678 Abs. 1 BGB (dazu oben 3.3.3.2).

4.2.1.2.4 Namen, die zur Wahl stehen

154 Wenn das Gesetz in § 1617 Abs. 1 BGB den von Mutter oder Vater geführten Namen zu Wahl stellt, meint es damit den aktuellen Namen, also entweder

– den Geburtsnamen des betreffenden Elternteils, vgl. § 1355 Abs. 6 BGB, oder

– einen in der Ehe mit einem anderen Partner erworbenen Ehenamen des betreffenden Elternteils; dabei kann es sich auch um einen sogenannten „echten Doppelnamen" handeln, oder

– einen aus Ehenamen und Begleitnamen zusammengesetzten „unechten Doppelnamen" des betreffenden Elternteils, § 1355 Abs. 4 BGB (Lipp/Wagenitz § 1617 Rn. 11).

Beim Kind entsteht dann ein „echter Doppelname". Abzulehnen ist die Gegenauffassung (Palandt/Diederichsen § 1617 Rn. 3), die § 1617 BGB, der nur noch von „Zuname" spricht, noch im Sinne der alten Gesetzesfassung unter dem Gesichtspunkt des „Familiennamens" interpretiert und deshalb die Möglichkeit eines Doppelnamens für das Kind ablehnt, weil der Begleitname eines Ehegatten nicht zum Familiennamen gehöre.

Ein solcher „unechter Doppelname" kann jedoch auch zerlegt werden, so daß sein Träger auch jeweils einen Teil dieses Namens weitergeben kann (Wagenitz/Bornhofen § 1616 Rn. 39).

– Zur Wahl stehen dürfte schließlich auch der in einer eingetragenen Lebenspartnerschaft erworbene Lebenspartnerschaftsname, § 3 Abs. 1 LPartG. Wird ein „unechter Doppelname" nach § 3 Abs. 2 LPartG geführt, entsteht beim Kind folgerichtig ein „echter Doppelname".

Die Eltern können dem Kind jedoch nicht einen Doppelnamen erteilen, der aus ihren beiden Familiennamen zusammengesetzt ist (BayObLG FamRZ 2000, 57).

4.2.1.2.5 Zustimmung des Kindes

Das Kind muß der Namenswahl seiner Eltern nicht zustimmen.　　　*155*

Etwas anderes gilt jedoch dann, wenn das Kind nach Vollendung des fünften Lebensjahres namenlos wird, weil die Namenserteilung nach §§ 119 ff, 142 I BGB angefochten wurde. Hier ist die Wertung der §§ 1617b Abs. 2, 1617c Abs. 1 BGB heranzuziehen, die bei einer Namensänderung des Kindes ab diesem Alter die Zustimmung des Kindes verlangen, denn auch eine Anfechtung der Bestimmung des Geburtsnamens mit anschließender abweichender Neubestimmung ist für das Kind eine Namensänderung (Lipp/Wagenitz § 1617 Rn. 25).

4.2.1.2.6 Wirkungen der Namenswahl

Die Namenswahl wird – soweit beide Eltern bestimmungsberechtigt sind　*156* – mit Zugang der zweiten, mit der ersten inhaltlich übereinstimmenden Erklärung beim zuständigen Standesbeamten wirksam. Bei einseitigem Bestimmungsrecht genügt der Zugang der Erklärung des allein bestimmungsberechtigten Teils. Das Kind erhält damit den gewählten Namen als Geburtsnamen. Die Eintragung hat nur deklaratorische Bedeutung.

Eine einmal abgegebene Bestimmung ist auch für alle weiteren Kinder dieser Eltern bindend, § 1617 Abs. 1 Satz 3. Das gilt unabhängig davon, ob diese Kinder später geboren werden oder schon leben und namenlos sind, was dann der Fall sein kann, wenn die Namensbestimmung wirksam angefochten wurde, §§ 119 ff, 142 I BGB. Mit der Wahl des Geburtsnamens für ein Kind hat sich das Namensbestimmungsrecht der Eltern also insgesamt erschöpft (Lipp/Wagenitz § 1617 Rn. 44).

4.2.1.3 Alleinsorge eines Elternteils

Ist, aus welchem Grund auch immer, zum Zeitpunkt der Geburt nur ein　*157* Elternteil – regelmäßig die Mutter, § 1626a Abs. 2 BGB – sorgeberechtigt, so erhält das Kind als Geburtsnamen automatisch dessen aktuellen Zunamen, § 1617a Abs. 1 BGB. Handelt es sich dabei um einen „unechten Doppelnamen", § 1355 Abs. 4 BGB, so erhält das Kind einen „echten Doppelnamen".

Eine Änderung der Sorgerechtsverhältnisse nach Geburt läßt den Na-　*158* men grundsätzlich unberührt, es wird allerdings die Möglichkeit der Neubestimmung mit Wirkung für die Zukunft nach § 1617b eröffnet (siehe dazu 4.2.2.2).

Eine Ausnahme dürfte jedoch dann gelten, wenn die Veränderung zwischen Geburt und Eintragung der Geburt stattfindet; in diesen Fällen sollte § 1617 Abs. 1 BGB Anwendung finden können (Lipp/Wagenitz § 1617a Rn. 5).

4.2.2 Änderungen des Geburtsnamens

159   Namensänderungen richten sich auch bei Kindern, die ihren Namen nach altem, vor 1. Juli 1998 geltendem Recht erhalten haben, nach neuem Recht, Art. 224 § 3 Abs. 1 Satz 2 EGBGB.

4.2.2.1 Erteilung des Namens des nicht sorgeberechtigten Elternteils

Der allein sorgeberechtigte Elternteil kann dem minderjährigen, ledigen Kind, das einen Geburtsnamen nach § 1617a Abs. 1 BGB führt, den Namen, den der andere Elternteil aktuell führt (dazu oben 4.2.1.2.4), erteilen. Liegen die erforderlichen Erklärungen beider Eltern und eventuell des Kindes vor, so erhält das Kind mit Wirkung für die Zukunft diesen neuen Namen.

Auch ein Vormund, § 1773 Abs. 1 BGB, oder Pfleger, § 1090 Abs. 1 Satz 1 BGB, des Kindes ist zu dieser Namenserteilung berechtigt (dazu oben 3.6).

4.2.2.1.1 Erklärung des sorgeberechtigten Elternteils

160   Die Erklärung des sorgeberechtigten Elternteils zur Namensänderung ist eine einseitige, amtsempfangsbedürftige Willenserklärung (Gestaltungserklärug), die nicht unter eine Bedingung oder Befristung gestellt werden kann. Sie ist öffentlich zu beglaubigen, §§ 1617 a Abs. 2 Satz 3, 129 BGB. Adressat ist der Standesbeamte, der die Geburt des Kindes beurkundet hat, § 31a Abs. 2 Satz 1 PStG. Es gelten die Vorschriften des Allgemeinen Teils des BGB.

Ist ein Elternteil beschränkt geschäftsfähig, so kann er seine Erklärung nur mit formfreier Zustimmung des gesetzlichen Vertreters, regelmäßig also seiner Eltern, §§ 1626, 1629 BGB, abgeben, §§ 1673 Abs. 2 Satz 2, 182 Abs. 2 BGB.

Die Berechtigung zur Abgabe der Erklärung endet mit dem Verlust des Sorgerechts, also jedenfalls mit Eintritt der Volljährigkeit des Kindes. Die

Wirkungen einer einmal abgegebenen Erklärung können freilich auch noch nach Verlust des Sorgerechts eintreten.

Wird nach dem Verlust des Sorgerechts durch einen Elternteil nunmehr der andere Elternteil Inhaber des Sorgerechts, kann er dem Kind nicht nach § 1617a Abs. 2 BGB seinen eigenen Namen erteilen.

4.2.2.1.2 Einwilligung des anderen Elternteils

Zur Namenserteilung ist die Einwilligung des Elternteils, dessen Name *161* erteilt werden soll, eine bedingungs- und befristungsfeindliche, amtsempfangsbedürftige, § 31a Abs. 2 Satz 1 PStG, Willenserklärung, die öffentlich beurkundet werden muß, erforderlich §§ 1617a Abs. 2 Satz 2 und 3, 129 BGB.

Es handelt sich hierbei um ein höchstpersönliches Geschäft, weil die Zustimmung zur Tradierung des eigenen Namens Ausfluß des allgemeinen Persönlichkeitsrechts, Art. 1 Abs. 1, 2 Abs. 1 GG, ist. Auch ein beschränkt geschäftsfähiger Elternteil kann – mit formloser Zustimmung seines gesetzlichen Vertreters, § 182 Abs. 2 BGB – die Zustimmung selbst erklären. Ein betreuter Elternteil kann – auch bei Anordnung eines Einwilligungsvorbehalts – selbständig handeln, vgl. § 1903 Abs. 2 BGB.

Die Herleitung aus dem Persönlichkeitsrecht hat auch zur Folge, daß nach dem Tode des anderen Elternteils die Erteilung dessen Namens an das Kind nicht mehr möglich ist.

4.2.2.1.3 Einwilligung des Kindes

Soweit das Kind das fünfte Lebensjahr vollendet hat, ist auch seine Ein- *162* willigung erforderlich, § 1617a Abs. 2 Satz 2 BGB, denn sein Name wird geändert. Auch diese namensrechtliche Willenserklärung ist öffentlich zu beglaubigen, §§ 1617a Abs. 2 Satz 3, 129 BGB.

Für die Erklärung der Einwilligung wird auf die Staffelung aus § 1617c Abs. 1 BGB verwiesen, § 1617a Abs. 2 Satz 4 BGB:

– Ist das Kind fünf, aber noch nicht vierzehn Jahre alt, so ist die Einwilligung vom gesetzlichen Vertreter zu erteilen.

§ 181 BGB verhindert nicht daß ein Elternteil seiner eigenen Erklärung im Namen des Kindes zustimmt, weil auch die Einwilligung des Kindes eine einseitige, bedingungs- und befristungsfeindliche Willenserklärung ist, die lediglich an den Standesbeamten zu richten ist (vgl. zum alten Recht BayObLG FamRZ 1977, 410).

– Ist das Kind zwischen vierzehn und achtzehn Jahren alt, kann es mit formfreier Zustimmung, § 182 Abs. 2 BGB, des gesetzlichen Vertreters selbst einwilligen.

Ab der Volljährigkeit des Kindes kann keine wirksame Erklärung zur Namensänderung mehr abgegeben, wohl aber eine schwebende Namensänderung noch wirksam werden. Die Zustimmung eines volljährigen Kindes ist deshalb nicht denkbar.

4.2.2.2 Namensänderung bei Erwerb gemeinsamer Sorge

163 Wird nach der Geburt die gemeinsame Sorge der Eltern für ihr Kind begründet, § 1626a Abs. 1 BGB, und führt das Kind zu diesem Zeitpunkt bereits einen Namen nach § 1617a Abs. 1 BGB, so können die Eltern den Namen mit Wirkung für die Zukunft neu bestimmen, § 1617b Abs. 1 Satz 1 BGB.

Bei Entstehen gemeinsamer Sorge durch Heirat, § 1626a Abs. 1 Nr. 1 BGB, geht allerdings die Regelung des § 1617c Abs. 1 BGB vor, soweit die Eltern einen gemeinsamen Ehenamen bestimmen, vgl. dazu unten 4.2.2.4.

Zu Auswahl stehen den Eltern die Namen, die ihnen zur Auswahl gestanden hätten, wenn sie bereits bei Geburt gemeinsam sorgeberechtigt gewesen wären, vgl. oben 4.1.1.2.4. Es handelt sich bei dem Recht zur Namensänderung nach § 1617b Abs. 1 BGB also gleichsam um die Nachholung einer Namensbestimmung nach § 1617 BGB.

Zu beachten ist allerdings, daß das Recht zur Namensänderung nicht besteht, wenn die Eltern ihr Namensbestimmungsrecht gemäß § 1617 Abs. 1 Satz 3 ausgeschöpft haben, weil sie bereits für ein anderes gemeinsames Kind einen Namen nach §§ 1617 oder 1617b BGB bestimmt haben, § 1617b Abs. 1 Satz 4 BGB.

Für die Neubestimmung besteht eine Ausschlußfrist von drei Monaten ab Begründung der gemeinsamen Sorge, die allerdings dann, wenn ein Elternteil bei Fristbeginn seinen gewöhnlichen Aufenthalt im Ausland hat, erst ein Monat nach Rückkehr endet, § 1617b Abs. 1 Satz 1 und 2 BGB. Innerhalb dieser Frist müssen alle erforderlichen Erklärungen wirksam vorliegen.

164 Aus dem Unterschied zwischen anfänglicher Namensbestimmung nach § 1617 BGB und nachgeholter Namensbestimmung nach § 1617b Abs. 1 BGB ergeben sich drei Besonderheiten:

– Eine Übertragung des Namensbestimmungsrechts auf einen Elternteil ist anders als in § 1617 BGB nicht vorgesehen, weil das Kind bereits einen Namen führt und der Zustand der Namenlosigkeit deshalb nicht beseitigt werden muß.

– Hat das Kind zum Zeitpunkt der nachgeholten Namensbestimmung das fünfte Lebensjahr vollendet, muß es sich der Namensänderung anschließen, § 1617b Abs. 1 Satz 3 und 4 BGB, vgl. dazu 4.1.2.1.3.

– Ist das minderjährige Kind bereits verheiratet und ist sein Name Ehename geworden, so kann sich die Namensänderung auf den Ehenamen nur dann erstrecken, wenn auch der andere Ehegatte zustimmt, §§ 1617b Abs. 1 Satz 4, § 1617c Abs. 3 BGB (Lipp/Wagenitz § 1617b Rn. 19).

4.2.2.3 Namensänderung nach Vaterschaftsanfechtung

Trägt das Kind nicht verheirateter Eltern gemäß §§ 1616, 1617, 1617a Abs. 2, 1617b Abs. 1 oder § 1617c Abs. 1 BGB den Namen eines Scheinvaters, dessen Vaterschaft beseitigt wurde (dazu oben 2.4), kann auf Antrag der Geburtsname des Kindes geändert werden. Erfolgt kein Antrag, behält das Kind den Namen seines Scheinvaters. *165*

Antragsberechtigt sind Kind und Scheinvater.

– Das Kind wird vom gesetzlichen Vertreter – zumeist der Mutter – vertreten, wenn es das vierzehnte Lebensjahr noch nicht vollendet hat.

Ist das Kind zwischen vierzehn und achtzehn Jahren alt, kann es mit formfreier Zustimmung des gesetzlichen Vertreters, § 182 Abs. 2 BGB, den Antrag selbst stellen, §§ 1617b Abs. 2 Satz 3, 1617c Abs. 1 Satz 3 BGB.

Das volljährige Kind kann den Antrag selbstverständlich alleine stellen.

– Die Antragsberechtigung des Vaters erlischt, wenn das Kind das fünfte Lebensjahr vollendet hat, § 1617b Abs. 2 Satz 1 BGB.

Bei dem Antrag handelt es sich, wie bei allen namensrechtlichen Erklärungen, um eine einseitige, amtsempfangsbedürftige Willenserklärung. Sie kann nicht bedingt oder befristet werden, ist gegenüber dem Standesbeamten, der die Geburt beurkundet hat, abzugeben, § 31a PStG, und öffentlich zu beurkunden, §§ 1617b Abs. 2 Satz 2, 129 BGB.

Liegt ein wirksamer Antrag vor, erhält das Kind rückwirkend (Lipp/Wagenitz § 1617b Rn. 23 und 25) als Geburtsnamen den Namen, den die Mutter zum Zeitpunkt der Geburt geführt hat, § 1617b Abs. 2 Satz 1 BGB, vgl. § 1617a Abs. 1 BGB und oben 4.2.1.3.1. Die Eintragung ist rein deklaratorischer Natur. *166*

Es ist also so zu verfahren, als hätte die Nichtvaterschaft des Scheinvaters schon zur Geburt festgestanden und das Kind einen Namen nach

§ 1617a Abs. 1 BGB erhalten. Folgerichtig kann die Mutter nunmehr durch Erklärung dem Kind den Namen des wahren Vaters erteilen, § 1617a Abs. 2 BGB, oder mit diesem Vater gemeinsam einen Namen bestimmen, § 1617b Abs. 1 BGB, wenn beide Elternteile sorgeberechtigt sind (Lipp/Wagenitz § 1617b Rn. 33).

Hat sich zwischen Geburt und Namensänderung nach § 1617b Abs. 2 BGB eine Änderung des mütterlichen Namens ergeben, nimmt der Kindesname als Folge der Rückwirkung an dieser Änderung teil (Lipp/Wagenitz § 1617b Rn. 32). Die gegenteilige Auffassung (Palandt/Diederichsen § 1617b Rn. 16) führt die Rückwirkung nicht konsequent durch.

Allerdings ist zu differenzieren:

– Hat das Kind das fünfte Lebensjahr noch nicht vollendet, tritt diese Wirkung ohne weiteres ein, vgl. § 1617c Abs. 2 Nr. 2, Abs. 1 Satz 1 BGB.
– Hat das Kind das fünfte Lebensjahr vollendet, kann es sich der Namensänderung anschließen, § 1617c Abs. 2 Nr. 2, Abs. 1 Satz 2 BGB (dazu genauer gleich unten 4.2.2.4), und erwirbt den neuen Namen der Mutter mit Wirksamwerden der Anschlußerklärung.

4.2.2.4 Namensänderung bei elterlicher Heirat

167 Heiraten die Eltern des Kindes und bestimmen dabei einen gemeinsamen Ehenamen, so erwirbt auch das Kind mit Wirkung für die Zukunft diesen Ehenamen als Geburtsnamen, § 1617c Abs. 1 Satz 1 BGB. Auch wenn erst in diesem Augenblick gemeinsame elterliche Sorge begründet wird, § 1626a Abs. 1 Nr. 1 BGB, entsteht trotzdem kein Recht zur Neubestimmung des Namens nach § 1617b Abs. 1 BGB (Greßmann Rn. 151).

Hat das Kind das fünfte Lebensjahr vollendet, muß es sich jedoch der Namensänderung durch einseitige, amtsempfangsbedürftige Willenserklärung gegenüber dem Standesbeamten, § 31a PStG, die bedingungs- und befristungsfeindlich ist, anschließen. Eine Frist ist dabei nicht einzuhalten.

Es ist nach dem Alter des Kindes im Augenblick des Wirksamwerdens der Anschlußerklärung (Lipp/Wagenitz § 1617c Rn. 10) zu unterscheiden:

– Hat das Kind das fünfte, noch nicht aber das vierzehnte Lebensjahr vollendet, so ist die Erklärung vom gesetzlichen Vertreter abzugeben
– Ist das Kind zwischen vierzehn und achtzehn Jahren alt, kann das Kind mit formfreier Zustimmung, § 182 Abs. 2 BGB, des gesetzlichen Vertreters die Erklärung selbst abgeben.

– Das volljährige Kind kann sich ohne weiteres durch eigene Erklärung der Änderung anschließen.

Ist das Kind verheiratet, so erstreckt sich eine Änderung des Geburtsnamens, der Ehename geworden ist, auf den Ehenamen nur, wenn der Ehegatte des Kindes sich ebenfalls der Namensänderung anschließt, § 1617c Abs. 3 BGB. Gleiches gilt, wenn das Kind eine eingetragene Lebenspartnerschaft begründet hat.

4.2.2.5 Namensänderung bei Heirat zwischen einem Elternteil und einem Dritten (Einbenennung)

Heiratet der Elternteil, bei dem das Kind lebt, einen anderen Partner als *168* den anderen Elternteil des Kindes und wird dessen Name Ehename, so kann der Fall eintreten, daß betreuender Elternteil und Kind unterschiedliche Zunamen haben. Dann können die Ehegatten dem minderjährigen und unverheirateten Kind mit Wirkung für die Zukunft ihren Ehenamen erteilen, § 1618 BGB. Dazu sind wirksame namensrechtliche Willenserklärungen beider Ehepartner erforderlich (NF/Wagenitz S. 144).

Es ist unerheblich, aufgrund welchen namensrechtlichen Tatbestandes das Kind seinen Namen erworben hat. Insbesondere sind bei mehrfacher Heirat des sorgeberechtigten Elternteils auch mehrere aufeinander folgende Einbenennungen möglich. Gleiches ist der Fall, wenn nach der Einbenennung der andere, ebenfalls mit einem Dritten verheiratete Elternteil das Sorgerecht erhält (Lipp/Wagenitz § 1618 Rn. 7).

4.2.2.5.1 Voraussetzungen der Einbenennung

Zur Einbenennung sind wirksame Namensrechtliche Willenserklärungen *169* beider Ehegatten, also des Elternteils und des Stiefelternteils, erforderlich. Dem verheirateten Elternteil muß die alleinige Sorge für das Kind zustehen, § 1618 Satz 1 BGB.

Möglicherweise genügt die alleinige Personensorge oder ein Teil daraus, der die Befugnis zur Namensbestimmung umfaßt (Schwab Rn. 507).

Besteht gemeinsame Sorge beider Eltern, so kann eine Namensänderung also nur erfolgen, wenn ein Elternteil durch gerichtliche Entscheidung nach § 1671 Abs. 1 BGB (dazu oben 3.5) die alleinige Befugnis zur Namensbestimmung erhalten hat (AG Lemgo FamRZ 1999, 1382).

Diese Frage ist allerdings nicht unumstritten. Zum Teil wird vertreten, bei gemeinsamer Sorge könne die Einbenennug nur durch Namensänderung nach § 3 NÄG geschehen (FA-FamR/Pieper 3/35).

170   Bei der Erteilung des Namens bestehen verschiedene Möglichkeiten, vgl. § 1618 Satz 2 BGB

– Allein der Ehename kann erteilt werden.
– Der Ehename kann dem bisherigen Zunamen des Kindes vorangestellt oder angefügt werden. In diesem Fall entfällt ein bisher vorangestellter oder angefügter Name. Ein „echter Doppelname" entsteht (Schwab Rn. 508).

171   Wenn das Kind das fünfte Lebensjahr vollendet hat, muß es der Einbenennung zustimmen, §§ 1618 Satz 3 und 6, 1617c Abs. 1 BGB, vgl. dazu oben 4.2.2.4.

172   Ist der bisherige Name des Kindes vom aktuellen (Lipp/Wagenitz § 1618 Rn. 16) Namen des anderen Elternteils abgeleitet, so muß auch dieser der Einbenennung zustimmen, § 1618 Satz 3 BGB.

Bei der Zustimmung handelt es sich, wie bei allen namensrechtlichen Erklärungen, um eine einseitige, amtsempfangsbedürftige Willenserklärung. Sie kann nicht bedingt oder befristet werden, ist gegenüber dem Standesbeamten, der die Geburt beurkundet hat, abzugeben, § 31a PStG, und öffentlich zu beurkunden, §§ 1618 Satz 5, 129 BGB.

Die Einwilligung ist auch dann erforderlich, wenn der andere Elternteil einen unbekannten Aufenthalt hat, § 1747 Abs. 4 BGB gilt nicht analog (OLG Hamm FamRZ 2000, 695).

4.2.2.5.2 Ersetzung der Zustimmung des anderen Elternteils

173   Ist die Einbenennung zum Wohl des Kindes erforderlich, kann die Einwilligung des anderen Elternteils vom Familiengericht durch sorgfältig begründeten Beschluß (OLG Rostock FamRZ 2000, 695) ersetzt werden, § 1618 Satz 4 BGB. Diese Norm verdrängt § 3 NÄG (OVG Münster FamRZ 2000, 698)

4.2.2.5.2.1 Zuständigkeit des Familiengerichts

174   Das Familiengericht, §§ 64 Abs. 1 FGG, 23b Abs. 1 Satz 2 Nr. 2 GVG, entscheidet über die Ersetzung auf Antrag im Verfahren der Freiwilligen Gerichtsbarkeit (vgl. BGH FamRZ 1999, 1648; FGG-Familiensache). Die funktionelle Zuständigkeit liegt beim Rechtspfleger, § 3 Nr. 2a RPflG, wobei eine Entscheidung durch den Richter freilich nicht schadet, § 8 Abs. 1 RPflG. Die örtliche Zuständigkeit richtet sich nach dem Wohnort des Kindes, §§ 11 Satz 1 BGB, 64 Abs. 3 Satz 2, 43 Abs. 1, 36 Abs. 1 FGG, 621a Abs. 1 ZPO.

4.2.2.5.2.2 Anhörung der Beteiligten

Im Verfahren, auch in der Beschwerdeinstanz (OLG Stuttgart FamRZ   *175*
1999, 1376) sind von Amtswegen, § 12 FGG, das Kind, § 50b FGG, der
sorgeberechtigte Elternteil, § 50a Abs. 1 Satz 2 FGG, und auch der andere Elternteil (OLG Hamm FamRZ 2000, 1182; OLG Celle FamRZ
1999, 1377; OLG Rostock FamRZ 2000, 695) anzuhören. Das Kind sollte
in Abwesenheit der Eltern angehört werden (OLG Rostock FamRZ 2000,
696) und muß dem Alter nach zur Sachaufklärung beitragen können;
OLG Bamberg MDR 2000, 424 ist für ein siebenjähriges Kind vom Vorliegen dieser Voraussetzung ausgegangen. Eine Entscheidung nach Ak-
tenlage scheidet selbst dann aus, wenn alle Beteiligten damit einverstan-
den sind (Oelkers/Kreutzfeldt FamRZ 2000, 646)

Das Kind steht regelmäßig in einem Interessengegensatz zum antrag-
stellenden Elternteil, deshalb ist sorgfältig zu prüfen, ob ein Verfahrenspfleger für das Kind bestellt werden muß, § 50 Abs. 2 Satz 1 Nr. 1 FGG
(Oelkers/Kreutzfeldt FamRZ 2000, 646 m.w.N.).

4.2.2.5.2.3 Erforderlichkeit für das Kindeswohl

Wenn das Gesetz nunmehr die „Erforderlichkeit" für das Kindeswohl   *176*
verlangt, hat es den Maßstab für die Ersetzung der Zustimmung bewußt
verschärft (OLG Düsseldorf FamRZ 2000, 1182; Oelkers/Kreutzfeldt
FamRZ 2000, 645). Es ist zu prüfen, ob die Einbenennung einen so hohen
Nutzen für das Kind erwarten läßt, daß ein verständiger Elternteil nicht
darauf bestehen würde, seine namensmäßige Verbindung zu dem Kind zu
erhalten (OLG Düsseldorf FamRZ 2000, 691; OLG Rostock FamRZ
2000, 695 f). Alle anderen Gesichtspunkte müssen deutlich hinter diesem
Nutzen zurücktreten. Dabei sind die Bindungen des Kindes zu seiner
neuen Familie und der Eingriff in die persönliche Identität des Elternteils
und seine sich im Namen ausdrückende verwandtschaftliche Beziehung
zum Kind abzuwägen.

Die Ersetzung der Zustimmung ist die Ausnahme (OLG München   *177*
FamRZ 1999, 154). Sie kann etwa erfolgen, wenn

– das Kind seit mehreren Jahren als Familiennamen den neuen Namen
 führt und nur unter diesem Namen bekannt ist (OLG Koblenz FamRZ
 2000, 692).

– der Vater seit mehreren Jahren weder Umgang mit dem Kind begehrt,
 noch Unterhalt gezahlt und darüber hinaus seine Einwilligung zur Adoption gegeben hat (OLG Oldenburg FamRZ 2000, 694).

Es genügen insbesondere nicht lästige Nachfragen wegen der Namensverschiedenheit (OLG Oldenburg FamRZ 1999, 1382; Oelkers/Kreutzfeldt FamRZ 2000, 648).

Als milderes Mittel kommt unter Gesichtspunkten der Verhältnismäßigkeit an Stelle der Ersetzung der Zustimmung das Hinwirken auf die Bildung eines echten Doppelnamens nach § 1618 Satz 2 BGB in Betracht. (OLG Celle FamRZ 1999, 1375; OLG Frankfurt FamRZ 1999, 1377)

4.2.2.5.2.4 Prozeßkostenhilfe

178 Für das Verfahren kann PKH gewährt werden, §§ 14 FGG, 114 ff ZPO. Die Hilfe ist schon dann zu gewähren, wenn der Antragsteller ein berechtigtes Interesse wahrnimmt (OLG Dresden FamRZ 1999, 1378); die Beiordnung eines Rechtsanwalts ist wegen der schwerwiegenden Auswirkungen des Verfahrens regelmäßig unerläßlich (Oelkers/Kreutzfeldt FamRZ 2000, 647).

4.2.2.5.2.5 Gebühren

179 Unklar ist, welcher Gegenstandswert im Verfahren anzusetzen ist. Die Meinungen reichen von 1,000 DM (OLG Bamberg FamRZ 2000, 243) über 1.500 DM (OLG Dresden FamRZ 1999, 1378) und 3.000 DM (OLG München FamRZ 2000, 153) bis zu 5.000 DM (OLG Nürnberg FamRZ 1999, 1380). Zutreffend dürfte grundsätzlich die Auffassung des OLG Nürnberg sein, vgl. § 30 Abs. 2 und 3 KostO, weil es sich um einen bedeutsamen Ausschnitt des Sorgerechts handelt (so auch Oelkers/Kreutzfeldt FamRZ 2000, 647).

Die Rechtsanwaltsgebühren richten sich nach § 118 BRAGO, die Gerichtskosten nach § 94 KostO (2. Instanz: § 131 Abs. 1 und 3 KostO).

4.2.2.5.2.6 Rechtsmittel

180 Gegen den Beschluß des Familiengerichts sind Beschwerde zum OLG und, soweit die Beschwerde vom OLG als unzulässig angesehen wurde bzw. dies vom OLG zugelassen wurde, weitere Beschwerde zum BGH als Rechtsmittel zulässig, § 621e Abs. 1 und 2 ZPO (vgl. BGH FamRZ 1999, 1648; OLG Koblenz FamRZ 2000, 690). Das Kind hat kein eigenes Beschwerderecht gegen die Entscheidung, die den Antrag auf Ersetzung der Zustimmung ablehnt (OLG Nürnberg FamRZ 2001, 49)

Die einmonatige Rechtsmittelfrist, §§ 621e Abs. 3, 516 ZPO, beginnt mit Zustellung des Beschlusses, § 16 Abs. 2 FGG.

Zur Aufhebung und Zurückverweisung, § 539 ZPO analog, kann insbesondere das Unterbleiben der Anhörung eines Beteiligten oder die allzu knappe und formelhafte Begründung des Beschlusses führen (OLG Frankfurt FamRZ 1999, 1379; OLG Rostrock FamRZ 2000, 696)

4.2.2.5.3 Scheidung der Ehe zwischen Elternteil und Drittem

Wird die Ehe zwischen dem Elternteil und dem Dritten geschieden und *181* nimmt der Elternteil nach der Scheidung wieder seinen Geburtsnamen an, § 1355 Abs. 5 BGB, so soll sich der Name des Kindes nicht ändern, weil diese Konstellation nicht in § 1617c Abs. 2 BGB genannt ist (LG Fulda FamRZ 2000, 689; BayObLG FamRZ 2001, 49). Das erscheint freilich fragwürdig.

4.2.2.6 Namensänderung bei Änderung des Elternnamens

Hat sich der Familienname des Elternteils, dessen Name nach §§ 1617, *182* 1617a oder 1617b BGB Geburtsname des Kindes geworden ist, geändert, so ändert sich auch der Name des Kindes. Diese Änderung muß jedoch in anderer Weise als durch Eheschließung oder Begründung einer eingetragenen Lebenspartnerschaft geschehen sein, § 1617c Abs. 2 Nr. 2 BGB. Zu den erforderlichen Zustimmungen vgl. oben 4.1.2.4.

4.3 Die Vornamen nach deutschem Recht

4.3.1 Erteilung des Vornamens

Die Eltern haben das Recht und, wie sich aus § 22 PStG ergibt, auch die *183* Pflicht, ihrem Kind bis zu etwa fünf (OLG Düsseldorf FamRZ 1999, 46) Vornamen zu erteilen.

Es handelt sich dabei um einen Akt der Personensorge, so daß die sorgerechtlichen Verhältnisse bei oder kurz nach der Geburt darüber entscheiden, ob einem oder beiden Eltern oder einem Vormund das Bestimmungsrecht zusteht. Die gewählten Namen müssen dem Geschlecht des Kindes entsprechen (Ausnahme: Maria) und dürfen das Kindeswohl nicht gefährden, vgl. § 1666 BGB. Das ist insbesondere zu befürchten, wenn der Name das Kind der Lächerlichkeit preisgeben würde (OLG Zweibrücken FamRZ 1993, 1242: „Lord"; zulässig soll jedoch „Büb" als männlicher Vorname sein, OLG Köln FamRZ 2000, 699).

Sind beide Eltern sorgeberechtigt und können sich nicht einigen, § 1627 Satz 2 BGB, kann das Familiengericht die Befugnis zur Bestimmung des

Vornamens auf ein Elternteil übertragen, § 1628 BGB (siehe dazu oben 3.4.3)

Der Name ist dem Standesbeamten gegenüber durch formlose Erklärung mitzuteilen, die Eintragung hat lediglich deklaratorische Bedeutung.

4.3.2 Änderungen des Vornamens

184 Änderungen des Vornamens können, außer bei Adoption, § 1757 Abs. 2 Satz 1 BGB, nur im Wege des Verwaltungsverfahrens nach § 3 NÄG erfolgen. Das gilt auch für das spätere Hinzufügen weiterer Vornamen (BayObLG FamRZ 2000, 55)

5. Das Unterhaltsrecht des Kindes und seiner nicht verheirateten Eltern

Im Unterhaltsrecht sind die Unterschiede zwischen ehelichen und nicht-ehelichen Kindern durch das KindRG weitgehend ausgeräumt worden, vgl. § 1615a BGB.

5.1 Das Unterhaltsrecht der nicht verheirateten Eltern

Geblieben ist jedoch in §§ 1615a ff BGB ein besonderes Unterhaltsrecht der nicht verheirateten Eltern. Die Unterscheide zum Unterhaltsrecht verheirateter oder geschiedener Eltern sind zu erörtern, denn sie betreffen das außerhalb eine Ehe geborene Kind zumindest mittelbar, vgl. § 1615l Abs. 2 Satz 3 a.E. BGB, hängt doch die Betreuungssituation des Kindes von der finanziellen Lage des betreuenden Elternteils ab.

5.1.1 Das Unterhaltsrecht der nicht verheirateten Mutter

5.1.1.1 Allgemeines

Nichteheliche Mütter genießen einen weit geringeren Rechtsschutz als eheliche Mütter und bleiben auch nach der Reform des Kindschaftsrechts „Mütter zweiter Klasse" (Büttner FamRZ 2000, 781; kritisch auch NF/ Puls S. 392), denn ihre Ansprüche aus § 1615l BGB unterscheiden sich erheblich von jenen der ehelichen Mutter aus § 1361 und §§ 1570 ff BGB.

Einen Anspruch auf Unterhalt nach § 1615l BGB hat die Mutter gegen den Mann, dessen Vaterschaft aufgrund Anerkennung, § 1592 Nr. 2 BGB (dazu oben 2.3.3), oder rechtskräftigen Feststellungsurteils, § 1592 Nr. 3 BGB (dazu oben 2.3.4), besteht. Auch wenn der Mann die Vaterschaft nicht bestreitet, so daß im Unterhaltsprozeß von ihrem Bestehen ausgegangen werden kann, sollte die Mutter auf eine formale Anerkennung, § 1592 Nr. 2 BGB, drängen, um ihre Ansprüche zu sichern.

Entgegen § 1615 Abs. 1 BGB erlischt der Anspruch nicht mit dem Tod des Vaters, § 1615l Abs. 3 Satz 5 BGB.

5.1.1.2 Zuständigkeit

187 Der Unterhalt ist durch Leistungsklage geltend zu machen. Sachlich ausschließlich zuständig ist das Amtsgericht (Familiengericht), §§ 23a Nr. 3, 23b Abs. 1 Satz 2 Nr. 13 GVG, 621 I Nr. 11 ZPO.

Die örtliche Zuständigkeit richtet sich nach den allgemeinen Vorschriften, § 621 Abs. 2 Satz 2 ZPO:

– Maßgeblich ist also der Gerichtsstand des beklagten Kindesvaters, §§ 12 ff ZPO, beziehungsweise
– wenn der Vater keinen inländischen Gerichtsstand hat, der der Kindesmutter, § 23a ZPO.
– Darüber hinaus kann die Mutter wahlweise ihren Unterhaltsanspruch gegen den Vater auch vor dem Gericht geltend machen, bei dem ein Verfahren über den Kindesunterhalt im ersten Rechtszug anhängig ist, § 642 Abs. 3 ZPO.

5.1.1.3 Unterhaltstatbestände

5.1.1.3.1 Allgemeines

188 Grundvoraussetzungen für den Unterhaltsanspruch der nicht verheirateten Mutter sind:

– Bedürftigkeit der Mutter, §§ 1615l Abs. 3 Satz 1, 1602 BGB. Bei der Ermittlung der Bedürftigkeit wird das Erziehungsgeld, § 9 BErzGG, nicht als Einkommen der Mutter angerechnet (BVerfG FamRZ 2000, 1149).
– Leistungsfähigkeit des Vaters, §§ 1615l Abs. 3 Satz 1, 1603 BGB. Der Vater soll regelmäßig einen erhöhten Selbstbehalt von mindestens 1800 DM beanspruchen können (OLG Hamm FamRZ 1998, 1251; OLG Oldenburg FamRZ 2000, 1251). Haben die Eltern vor der Geburt eheähnlich zusammengelebt, ist der Kindesvater zu größerer Solidarität verpflichtet und kann deshalb nur einen niedrigeren Selbstbehalt geltend machen (OLG Oldenburg FamRZ 2000, 1252 geht von etwa 1500 DM aus).

Die Höhe des Unterhaltsanspruches richtet sich nach der Lebensstellung der Mutter, §§ 1615l Abs. 3 Satz 1, 1610 Abs. 1 BGB. Die Mutter erhält also keine Teilhabe an der Lebensstellung des Kindesvaters (OLG Koblenz FamRZ 2000, 637). Hatte die Mutter vor der Geburt des Kindes ein regelmäßiges Einkommen, so dient es als Grundlage zur Ermittlung der Lebensstellung (OLG Bremen FamRZ 2000, 636).

Im einzelnen enthält § 1615l BGB vier Unterhaltstatbestände für die nicht verheiratete Mutter:

5.1.1.3.2 Unterhalt während des Mutterschutzes

Im Zeitraum von sechs Wochen vor der Geburt bis acht Wochen nach der *189* Geburt hat die nichteheliche Mutter gegen den Kindesvater einen Unterhaltsanspruch, § 1615l Abs. 1 Satz 1 BGB.

Weil die Mutter, die vor der Geburt gearbeitet hat, Anspruch auf Mutterschaftsgeld hat, wird sie in den seltensten Fällen bedürftig sein (FA-FamR/Gerhardt 6/210).

5.1.1.3.3 Kosten der Schwangerschaft und Entbindung

Hat die Mutter aufgrund der Schwangerschaft und Entbindung beson- *190* dere Kosten, sind ihr diese vom Vater zu ersetzen, § 1615l Abs. 1 Satz 2 BGB. In diesen Fällen wird aufgrund von Ansprüchen gegen die Krankenversicherung selten Bedürftigkeit der Mutter vorliegen.

Kosten für Schwangerschaft und Entbindung sind streng von Aufwendungen für das neugeborene Kind zu unterscheiden (OLG Oldenburg FamRZ 1999, 1685).

5.1.1.3.4 Unterhalt bei Unfähigkeit zur Erwerbstätigkeit

Die Mutter kann aufgrund der Schwangerschaft selbst oder aufgrund von *191* Krankheiten, die ihre Ursache in Schwangerschaft oder Entbindung haben, an der Ausübung ihrer Erwerbstätigkeit gehindert sein. In diesen Fällen wird die Zeitspanne des Mutterschutzunterhalts gemäß § 1615l Abs. 1 Satz 1 BGB ausgedehnt, § 1615l Abs. 2 Satz 1 BGB. Die Unterhaltspflicht kann – Bedürftigkeit vorausgesetzt – bis zu vier Monate vor der Geburt beginnen und bis zu drei Jahre nach der Geburt andauern, in Ausnahmefällen sogar noch länger, § 1615l Abs. 2 Satz 3. Dabei ist zu beachten, daß die Mutter vor der Geburt nicht tatsächlich erwerbstätig gewesen sein muß (FA-FamR/Gerhardt 6/209a).

Ungeklärt ist, ob die Mutter auch nach § 1615l Abs. 2 Satz 1 BGB Unterhalt verlangen kann, wenn sie aufgrund der Schwangerschaft ihr Studium oder ihre Berufsausbildung unterbrechen mußte und deshalb nun keiner Erwerbstätigkeit nachgehen kann. Der Wortlaut („Krankheit") spricht gegen diese Auffassung (so auch Büttner FamRZ 2000, 782), die gleichwohl vertreten wird und im Ergebnis sinnvoll ist (Palandt/Diederichsen § 1615l Rn. 9).

Praktische Bedeutung hat der Unterhaltsanspruch aus § 1615l Abs. 2 Satz 1 und 3 BGB vor allem für die Zeit vor der Entbindung, da nach der Geburt regelmäßig der Betreuungsunterhalt einsetzt.

5.1.1.3.5 Betreuungsunterhalt

192 Kann von der Mutter wegen der Betreuung des Kindes nicht erwartet werden (objektiver Maßstab), daß sie einer Erwerbstätigkeit nachgeht, hat sie einen Unterhaltsanspruch gegen den Vater, § 1615l Abs. 2 Satz 2 BGB. Die Mutter darf also innerhalb der ersten drei Jahre nach der Geburt nicht auf Möglichkeiten der Fremdbetreuung verwiesen werden, sie hat vielmehr einen Anspruch darauf, das Kind persönlich betreuen zu können (KG NJW-RR 2000, 809).

Diese Regelung soll auch für „Altfälle" gelten, so daß auch bei Geburt des Kindes vor dem 1. Juli 1998 die Frist auf drei Jahre verlängert werden kann (KG FamRZ 2000, 636)

Arbeitet die Mutter, trotzdem dies von ihr nicht erwartet werden kann, wird die Anrechnungsregel des § 1577 BGB analog heranzuziehen sein, denn § 1615l Abs. 2 Satz 2 BGB und § 1570 BGB (Betreuungsunterhalt der geschiedenen Mutter), der durch § 1577 BGB ergänzt wird, sind parallel gefaßt (Büttner FamRZ 2000, 783)

Der Anspruch auf Betreuungsunterhalt besteht während eines Zeitraums von drei Jahren nach der Geburt, § 1615l Abs. 2 Satz 3 BGB.

193 Wäre es, insbesondere unter Berücksichtigung der Kindesbelange, grob unbillig, nach Ablauf der drei Jahre keinen Unterhalt mehr zu gewähren, kann auch nach Ablauf der Dreijahresfrist ein Unterhaltsanspruch gegen den Vater bestehen, § 1615l Abs. 2 Satz 3 a.E. BGB. Die Unbilligkeit kann zwei Ursachen haben:

– Belange der Mutter, etwa weil die Mutter dem Vater ihrerseits früher Leistungen erbracht hat, ohne dazu verpflichtet zu sein (Schwab Rn. 773) oder weil das Kind bei einer Vergewaltigung gezeugt wurde (NF/Puls S. 408).
Das OLG Frankfurt am Main FamRZ 2000, 1522 hat den Unterhalt in einem Fall verlängert, in dem die Eltern in einer eheähnlichen Partnerschaft zusammengelebt und ihren gemeinsamen Kinderwunsch verwirklicht haben. Hier habe der Vater einen besonderen Vertrauenstatbestand geschaffen, so daß eine Verweigerung der Unterhaltszahlung nach Trennung von der Mutter zu seinem vorherigen Verhalten in Widerspruch stünde. Damit wird die Stellung der nicht verheirateten Mutter, die in einer eheähnlichen Partnerschaft mit dem Kindesvater gelebt hat, nach Trennung der Partner der Stellung der geschiedenen Mutter angenähert.

– Belange des Kindes, etwa wegen der besonderen Situation eines kranken oder behinderten Kindes (BT-Drucks. 13/4899 S. 89 f).

Büttner FamRZ 2000, 781 und 786 ist zu Recht der Auffassung, die Anforderungen an die von der Mutter zu beweisende „grobe Unbilligkeit" dürften schon wegen der Ungleichbehandlung von verheirateter und nicht verheirateter Mutter nicht allzu hoch angesetzt werden (genauso OLG Frankfurt am Main FamRZ 2000, 1522), und prophezeit der Regelung des § 16151 BGB keine allzu lange Lebensdauer.

5.1.1.4 Rangfragen

Die Unterhaltsansprüche der Mutter gegen den mit ihr nicht verheirateten Kindesvater gehen der Unterhaltsverpflichtung anderer Verwandter der Mutter, vor allem ihrer Eltern, § 1601 BGB, vor, § 16151 Abs. 3 Satz 2 BGB.   *194*

Sie stehen gleichrangig neben Ansprüchen der Mutter gegen einen aktuellen oder geschiedenen Ehegatten (BGH FamRZ 1998, 541; OLG Hamm FamRZ 2000, 637) und wohl auch gegen einen aktuellen oder früheren Lebenspartner gemäß §§ 5 und 16 LPartG. Diese Ansprüche können vor allem dann nebeneinander bestehen, wenn die Mutter auch ein Kind des (ehemaligen) Ehegatten betreut. Hier soll eine anteilige Haftung nach dem Muster des § 1606 Abs. 3 Satz 1 BGB bestehen (BGH FamRZ 1998, 543; OLG Zweibrücken FamRZ 2001, 29). § 1606 Abs. 3 Satz 1 BGB soll auch dann analog gelten, wenn die Mutter erst nach Entstehen der Unterhaltspflicht nach § 16151 Abs. 2 BGB einen anderen Mann als den Vater heiratet (OLG Schleswig FamRZ 2000, 637).

Die Mutter ist dem Vater gegenüber nach dessen Ehefrau (nicht hingegen dessen eingetragenen Lebenspartner) und minderjährigen unverheirateten Kindern, aber vor allen anderen Verwandten anspruchsberechtigt, § 16151 Abs. 3 Satz 3 BGB.

5.1.1.5 Einstweiliger Rechtsschutz

Die nicht verheiratete Mutter hat verschiedene Möglichkeiten, ihren Unterhalt im Wege einstweiligen Rechtsschutzes zu sichern: *195*

– Ihr Unterhalt nach § 16151 Abs. 1 BGB kann durch einstweilige Verfügung geregelt und damit gesichert werden, § 1615o Abs. 2 Satz 1 BGB. Diese Möglichkeit hat nur die nicht verheiratete Mutter, weil davon auszugehen ist, daß der Unterhalt der verheirateten Mutter direkt nach der Geburt regelmäßig nicht gefährdet ist.

Antragsberechtigt ist die Mutter, Antragsgegner ist ein Mann, der die Vaterschaft anerkannt hat, § 1592 Nr. 2 BGB, was auch schon vor der

Geburt geschehen kann (dazu oben 2.3.3), oder der nach § 1600d Abs. 2 als Vater vermutet wird (dazu oben 2.3.4.5 und 2.3.4.6).

In Abweichung von §§ 936, 917 ZPO muß die Gefährdung des Unterhaltsanspruchs von der Antragstellerin nicht glaubhaft gemacht werden, § 1615o Abs. 3 BGB.

Zuständig ist das Gericht der Hauptsache, § 937 ZPO (dazu oben 5.1.1.2).

196 – Nach dem neu gefaßten § 641d ZPO kann der Unterhalt der Mutter nunmehr insgesamt, also auch über § 1615l Abs. 1 BGB hinaus, durch einstweilige Anordnung geregelt werden. Diese Möglichkeit besteht freilich erst nach Geburt des Kindes, weil Voraussetzung ist, daß eine Vaterschaftsfestellungsklage anhängig oder PKH beantragt ist.

Hat das Kind die Vaterschaftsfeststellungsklage gegen den Vater erhoben, kann die Mutter als Nebenintervenientin in diesem Verfahren ihren Unterhalt regeln lassen (Büttner FamRZ 2000, 785).

Die Anordnung bleibt in Kraft, bis ein rechtskräftiger Unterhaltstitel vorliegt, sie aufgehoben wird, § 641e ZPO, oder außer Kraft tritt, § 641f ZPO. Soweit § 641d ZPO greift, wird § 1615o BGB verdrängt (Zöller/ Philippi § 641d Rn. 3),

Rechtsmittel gegen die einstweilige Anordnung ist die Beschwerde, § 644d Abs. 3 BGB.

197 – Im Rahmen der isolierten Leistungsklage auf Unterhalt kann ebenfalls eine einstweilige Anordnung ergehen, § 644 ZPO. Hier ist freilich – anders als bei der einstweiligen Anordnung nach § 641d ZPO – erforderlich, daß die Vaterschaft feststeht, § 1600d Abs. 4 BGB. Auch § 644 ZPO verdrängt § 1615o Abs. 2 BGB.

5.1.2 Das Unterhaltsrecht des nicht verheirateten Vaters

5.1.2.1 Gleichstellung mit der Mutter

198 Betreut nach der Geburt ausnahmsweise der Vater das Kind, was er unter Umständen sogar als alleiniger Inhaber der elterlichen Sorge tun kann, § 1672 BGB (dazu oben 3.3.3.5.1), so kann er seinerseits unter den oben erörterten Voraussetzungen Betreuungsunterhalt von der Mutter verlangen, §§ 1615l Abs. 5 und 2 Satz 2 BGB (dazu NF/Büdenbender S. 421 ff).

Die Verweisung in § 1615l Abs. 5 BGB birgt zwei Probleme:

– Zum einen verweist § 1615l Abs. 5 BGB nicht auf § 1615l Abs. 2 Satz 3 BGB, so daß nach dem Wortlaut des Gesetzes die Mutter den nicht mit ihr verheirateten Vater auf unbegrenzte Zeit unterhalten müßte. Das

kann der Gesetzgeber nicht beabsichtigt haben; es wäre jedenfalls offensichtlich gleichheitswidrig.
– Außerdem setzt der Unterhalt der Mutter nach § 1615l Abs. 2 Satz 2 BGB erst acht Wochen nach der Geburt ein, weil vorher der Mutterschutztatbestand greift, vgl. § 1615l Abs. 1 und Abs. 2 Satz 1. Nähme man die Verweisung ernst, stünde der betreuende Vater im Gegensatz zur betreuenden Mutter die ersten acht Wochen der Betreuungszeit ohne Unterhalt da; auch dieses Ergebnis läßt sich nicht halten (Schwab Rn. 776).

5.1.2.2 Einstweiliger Rechtsschutz

Die Gleichstellung von Mutter und Vater in § 1615l BGB hat jedoch keine Gleichstellung für den einstweiligen Rechtsschutz zur Folge.   *199*
– Der Vater kann keinen Einstweiligen Rechtsschutz nach § 1615o Abs. 2 BGB begehren, weil dort nur die Mutter erwähnt wird. Diese Lösung wirkt angesichts der materiellrechtlichen Gleichstellung von Mutter und Vater befremdlich, so daß an eine analoge Anwendung des § 1615o Abs. 2 BGB zu denken wäre.
– Auch bei der einstweiligen Anordnung im Rahmen des Vaterschaftsprozesses, § 641d ZPO, findet der Vater keine Erwähnung. Der Vater ist zwar regelmäßig nicht auf dieses Verfahren verwiesen, sondern kann das Kind anerkennen (dazu oben 2.3.3). Verweigert die Mutter ihre Zustimmung zur Anerkennung (dazu oben 2.3.3.2.2), ist der Vater jedoch auf das Vaterschaftsfeststellungsverfahren (dazu oben 2.3.4) angewiesen, zu dem die einstweilige Anordnung einen Annex bildet (NF/Büdenbender S. 447 f). Möglicherweise kommt in diesem Fall eine analoge Anwendung des § 641d ZPO zugunsten des Vaters in Betracht.
– Soweit man die vorgeschlagenen Analogien ablehnt, ist der Vater auf die allgemeine Leistungsverfügung aus § 940 ZPO verwiesen (dazu Dose Rn 148 ff).

5.2 Das Unterhaltsrecht des Kindes nicht verheirateter Eltern

5.2.1 Der Unterhaltsanspruch des Kindes

5.2.1.1 Unterhaltstatbestand; Allgemeines

Das Kind hat gegen seine Eltern, unabhängig davon, ob sie verheiratet   *200*
sind oder nicht, einen Anspruch auf Unterhalt, § 1601 BGB. Voraussetzungen sind die Bedürftigkeit des Kindes, § 1602 BGB, und die Leistungsfähigkeit des in Anspruch genommenen Elternteils, § 1603 BGB. Um-

fang, Höhe und Art der Unterhaltsleistung sind in §§ 1610 ff BGB geregelt. Das Verhältnis der beiden Unterhaltsansprüche des Kindes gegen Mutter und Vater zueinander bestimmt sich nach § 1606 Abs. 3 BGB. Die Zustimmung des Ehemannes zur heterologen Insemination enthält zugleich eine vertragliche Unterhaltsverpflichtung gegenüber dem mit ihm genetisch nicht verwandten Kind, die den Kindesunterhalt auch nach einer eventuellen Vaterschaftsanfechtung sichert (siehe auch oben 2.4.2.4). Zu Besonderheiten des Unterhaltsanspruches volljähriger Kinder sei auf die gleichnamige Darstellung von Soyka verwiesen.

5.2.1.2 Bedürftigkeit des Kindes

201 Ein minderjähriges Kind hat regelmäßig noch keine eigene Lebensstellung. Seine Bedürftigkeit bestimmt sich deshalb grundsätzlich nach der elterlichen Lebensstellung (FA-FamR/Gerhardt 6/111).

Soweit das Kind eigene Einkünfte oder Kapitalerträge erzielt, müssen sie auf den Unterhaltsanspruch angerechnet werden, § 1602 Abs. 1 und 2 BGB. Die Substanz des Kindesvermögens bleibt hingegen unberührt, es sei denn, die Eltern sind zur Unterhaltsleistung außerstande, §§ 1602 Abs. 2, 1603 Abs. 2 Satz 3 HS 2 BGB. Auch während einer optimalen begabungsbezogenen Berufsausbildung, die den Eltern wirtschaftlich zumutbar ist (BGH FamRZ 2000, 420), ist das Kind bedürftig.

5.2.1.3 Leistungsfähigkeit der Eltern

202 Die Eltern sind zur Unterhaltsleistung fähig, wenn sie dabei ihren eigenen Unterhalt („Selbstbehalt") nicht gefährden, § 1603 Abs. 1 BGB. Gegenüber einem minderjährigen Kind haben die Eltern eine erhöhte Unterhaltsverpflichtung. Sie müssen alle Geldmittel, die über ihr eigenes Existenzminimum hinausgehen, zur Unterhaltsleistung aufwenden, § 1603 Abs. 2 Satz 1 BGB. Ihnen ist deshalb nur der „kleine Selbstbehalt" zu belassen, der allerdings so hoch liegen muß, daß die Eltern nicht ihrerseits der Sozialhilfe anheimfallen (BGH FamRZ 2000, 223). Die Höhe des Selbstbehaltes kann den jeweils aktuellen Tabellen (z.B. Düsseldorfer Tabelle) entnommen werden. Den Eltern ist jede Form des Einkommenserwerbs zuzumuten, sie sind also beispielsweise verpflichtet, Arbeiten anzunehmen, für die sie überqualifiziert sind.

Die Leistungsfähigkeit bemißt sich grundsätzlich nach dem aktuellen Einkommen. Wird der Einkommenserwerb zumindest leichtfertig vermindert oder beendet, um keinen Unterhalt leisten zu müssen, kann sich der Unterhaltsschuldner nicht auf seine Leistungsunfähigkeit berufen, § 242 BGB. Beispiele wären das wiederholte alkoholisierte erscheinen am

Arbeitsplatz oder Diebstähle zu Lasten des Arbeitgebers (vgl. BGH FamRZ 2000, 815).

5.2.1.4 Umfang, Höhe und Art des Unterhalts

Der Unterhaltsanspruch des Kindes gegen seine Eltern umfaßt den ge- *203* samten Lebensbedarf des Kindes. Dazu gehört auch die begabungs- und neigungsgerechte Berufsausbildung, § 1610 Abs. 2 BGB. Die Eltern (oder ein Elternteil) können, soweit ihnen die Personensorge für das Kind zusteht, die Art der Unterhaltsgewährung mit Rücksicht auf die Belange des Kindes bestimmen. Liegen besondere Gründe vor, kann das Familiengericht diese Bestimmung abändern, § 1612 Abs. 2 BGB. Sachlich zuständig ist der Rechtspfleger, § 3 Nr. 2a RPflG.

Die geschuldeten Unterhaltsbeträge werden pauschal nach Tabellen, etwa der „Düsseldorfer Tabelle" (zuletzt FamRZ 1998, 534; dazu Scholz FamRZ 1998, 797) für die alten und der „Berliner Tabelle" (zuletzt FamRZ 1998, 537) für die neuen Bundesländer, festgelegt (vgl. BGH FamRZ 2000, 358). Der Unterhaltsanspruch erfaßt zusätzlich den Sonderbedarf des Kindes, § 1613 Abs. 2 BGB. Dazu gehören beispielsweise die Kosten einer aufwendigen medizinischen Behandlung oder die Gewährung eines Prozeßkostenvorschusses (Schwab Rn. 732).

Die beiden Eltern haften für den Unterhaltsanspruch des Kindes anteilig nach ihren Erwerbs- und Vermögensverhältnissen, § 1606 Abs. 3 Satz 1 BGB. Sie sind also keine Gesamtschuldner im Sinne der §§ 421 ff BGB (BGH FamRZ 1998, 287). Im einzelnen sind folgende Konstellationen zu unterscheiden (vgl. FA-FamR/Gerhardt 6/141):

– Die Eltern und das Kind leben zusammen in einem Haushalt. In diesem Fall ist regelmäßig aufgrund elterlicher Bestimmung Naturalunterhalt zu gewähren, so daß sich keine Probleme bei der Haftungsverteilung ergeben.

– Das Kind lebt bei keinem Elternteil. Dann schulden beide Eltern anteilig Unterhalt in Geld, § 1606 Abs. 3 Satz 1 BGB.

– Das Kind lebt bei einem Elternteil. In diesem Fall erfüllt der Elternteil, bei dem das Kind lebt, seine Unterhaltpflicht in der Regel durch die Pflege und Erziehung des Kindes, § 1606 Abs. 3 Satz 2 BGB. Der andere Elternteil ist zum Barunterhalt verpflichtet. Etwas anderes gilt allerdings, wenn der betreuende Elternteil erwerbstätig ist und wesentlich höhere Einkünfte als der andere Elternteil erzielt.

5.2.1.5 Prozessuales

204 Der Unterhaltsanspruch ist durch Leistungsklage geltend zu machen. Es handelt sich um eine ZPO-Familiensache, vgl. § 621a Abs. 1 Satz 1 ZPO. Sachlich zuständig ist ausschließlich das Amtsgericht (Familiengericht), §§ 23a Nr. 2, 23b Nr. 5 GVG, 621 Abs. 1 Nr. 4 ZPO. Die örtliche Zuständigkeit richtet sich nach § 642 Abs. 1 ZPO. Ausschließlich zuständig ist demnach das Gericht am Wohnsitz des Kindes oder des ihn vertretenden Elternteils. Gesetzlicher Vertreter des Kindes ist

– der sorgeberechtigte Elternteil, § 1629 Abs. 1 Satz 2 BGB, oder

– wenn beide Elternteile sorgeberechtigt sind, der Elternteil, in dessen Obhut sich das Kind befindet, § 1629 Abs. 2 Satz 2 BGB.

Ein Betrag bin zum 1,5fachen des Regelbetragsunterhalts nach § 1612a BGB in Verbindung mit der Regelbetragsverordnung kann im vereinfachten Verfahren nach §§ 645 ff ZPO (jede Partei kann allerdings die Überleitung in den gewöhnlichen Zivilprozeß verlangen, § 651 ZPO) geltend gemacht werden (dazu NF/Schumacher/Grün, S. 291 ff = FamRZ 1998, 778). Der Unterhaltsgläubiger kann entscheiden, ob er einen festen Monatsbetrag einklagen oder einen dynamischen Unterhaltstitel erstreiten möchte, der den Unterhaltsschuldner zur Zahlung von Unterhalt in Höhe eines bestimmten Prozentsatzes vom jeweiligen Regelbetragsunterhalt nach der Regelbetragsverordnung verpflichtet. Kindergeld und ähnliche Leistungen sind mit dem Regelbetrag zu verrechnen, §§ 1612b und c BGB. Der Antrag muß den Anforderungen des § 646 Abs. 1 ZPO entsprechen; ansonsten ist er zurückzuweisen, § 646 Abs. 2 ZPO. Der Unterhalt kann im Verbund mit der Vaterschaftsfeststellungsklage (dazu oben 2.3.4) erstritten werden, § 653 ZPO.

Im vereinfachten Verfahren entscheidet der Rechtspfleger, § 10 Nr. 10a RPflG, durch Beschluß, der ohne mündliche Verhandlung ergehen kann, § 649 Abs. 2 ZPO. Damit kann im Kindesinteresse eine schnelle Entscheidung herbeigeführt werden, was gerade dann wichtig ist, wenn die Eltern des Kindes nicht zusammenleben, § 645 Abs. 1 ZPO, und der barunterhaltspflichtige Elternteil versucht, sich seiner Pflicht zu entziehen oder eine Titulierung des Unterhaltsanspruchs zumindest zu verzögern (Schwab Rn. 768). Das vereinfachte Verfahren ist nur zum erstmaligen Erstreiten eines Unterhaltstitels zulässig, also nicht, wenn schon ein Gericht über den Unterhalt entschieden hat oder ein entsprechendes Verfahren anhängig ist, § 645 Abs. 2 ZPO. Die Verfahrensbeschleunigung wird dadurch erreicht, daß dem Unterhaltsschuldner Einwendungen abgeschnitten werden, § 648 Abs. 1 und 2 ZPO, und er zulässige Einwendungen nur vorbringen kann, solange der Festsetzungsbeschluß nicht verfügt ist, § 648 Abs. 3 ZPO.

Rechtsmittel gegen den Beschluß ist die sofortige Beschwerde, § 652 Abs. 1 ZPO. Der im vereinfachten Verfahren erstrittene Titel kann im besonderen Verfahren nach §§ 654 ff ZPO, das dem Abänderungsverfahren nach § 323 ZPO vorgeht, abgeändert werden.

5.2.2 Einstweilige Verfügung beim Unterhalt des Kindes nicht verheirateter Eltern, § 1615o Abs. 1 BGB

Nach der Kindschaftsrechtsreform ist nur ein Unterschied zwischen Kindern verheirateter und nicht verheirateter Eltern geblieben: Der Unterhalt des Kindes nicht verheirateter Eltern kann für die ersten drei Monate nach der Geburt durch einstweilige Verfügung geregelt und damit gesichert werden, § 1615o Abs. 1 Satz 1 BGB.

205

Antragsberechtigt sind

– das Kind, § 1615o Abs. 1 Satz 1 BGB, das regelmäßig von seiner Mutter vertreten wird, § 1626a Abs. 2 BGB, und bereits
– die Leibesfrucht, die ebenfalls durch die Mutter oder einen Pfleger vertreten wird, § 1615o Abs. 1 Satz 2 HS 1 BGB. In diesem Fall ist das Geld bereits angemessene Zeit vor der voraussichtlichen Geburt zu hinterlegen, § 1615o Abs. 1 Satz 2 HS 2 BGB.

Antragsgegner ist ein Mann,

– der die Vaterschaft anerkannt hat, § 1592 Nr. 2 BGB, was auch schon vor der Geburt geschehen kann (dazu oben 2.3.3), oder
– der nach § 1600d Abs. 2 als Vater vermutet wird (dazu oben 2.3.4.5 und 2.3.4.6).

In Abweichung von §§ 936, 917 ZPO muß die Gefährdung des Unterhaltsanspruchs vom Antragsteller nicht glaubhaft gemacht werden, § 1615o As. 3 BGB.

Das zuständige „Gericht der Hauptsache", § 937 ZPO, ist nach § 642 Abs. 1 Satz 1 ZPO zu ermitteln (Dose Rn. 173). Danach ist ausschließlich das Familiengericht am allgemeinen Gerichtsstand, §§ 12 f ZPO, des Kindes oder seines gesetzlichen Vertreters (regelmäßig der Mutter, §§ 1626a Abs. 2, 1629 Abs. 1 Satz 1 BGB) zuständig. Das gilt jedoch nicht, wenn das Kind oder ein Elternteil seinen Gerichtsstand im Ausland hat, § 642 Abs. 1 Satz 2 ZPO.

Zu einstweiligem Rechtsschutz nach §§ 641d und 644 ZPO siehe oben 5.1.1.3.

6. Das Erbrecht des Kindes nicht verheirateter Eltern

6.1 Allgemeines

Durch das ErbGleichG wurden zum 1. April 1998 Kinder verheirateter *206* und nicht verheirateter Eltern erbrechtlich gleichgestellt. Zuvor war das nichteheliche Kind vielfach auf einen Erbersatzanspruch nach seinem Vater und dessen Verwandten verwiesen, nicht aber dinglich am Nachlaß beteiligt worden, §§ 1934a ff BGB a. F. Gleiches galt für den nichtehelichen Vater, der nun gleichermaßen durch das ErbGleichG mit dem ehelichen Vater gleichgestellt wird, nach dem Tode seines Kindes.

Damit das Kind nicht verheirateter Eltern seinen Vater beerben kann (oder umgekehrt), muß jedoch die Vaterschaft feststehen, § 1592 Nr. 2 und 3 BGB. Die Vaterschaftsfeststellung ist auch noch nach dem Tode des Vaters oder des Kindes möglich, vgl. § 1600e Abs. 2 BGB (dazu oben 2.3.4).

6.2 Übergangsregelungen

Das neue Erbrecht gilt für alle Kinder nicht verheirateter Eltern, außer *207*
– der Erblasser ist vor dem 1. April 1998 gestorben, Art. 227 Abs. 1 Nr. 1 EGBGB, oder
– es hat vor dem 1. April 1998 ein Erbausgleich nach §§ 1934a ff BGB a. F. stattgefunden, Art. 227 Abs. 1 Nr. 2 EGBGB, oder
– das erbende Kind ist vor dem 1. Juli 1949 geboren, wobei der Erblasser am 3. Oktober 1990 (NF/Schlüter/Fegeler S. 536 m.w.N.; die Frage des Zeitpunkts ist jedoch noch nicht höchstrichterlich geklärt) seinen gewöhnlichen Aufenthalt in den alten Bundesländern hatte, Art. 12 § 10 NEhelG, Art. 235 § 1 EGBGB. Diese Kinder haben kein Erb- oder Pflichtteilsrecht und können mit ihrem Vater lediglich durch Vereinbarung das volle Erbrecht herstellen, Art. 12 § 10a NEhelG.
Das gilt jedoch nicht für in den neuen Bundesländern belegene Grundstücke, die vor dem 3. Oktober 1990 auch ein in den alten Bundesländern lebendes nichteheliches Kind hätte erben können, Art. 3 Abs. 3 EGBGB, § 25 Abs. 2 RAG der DDR.
Soweit der Erblasser seinen gewöhnlichen Aufenthalt in den neuen Bundesländern hatte, bleibt auch den vor dem 1. Juli 1949 geborenen nichtehelichen Kindern das Erbrecht, das ihnen § 365 Abs. 1 ZGB der DDR eingeräumt hatte, erhalten, Art. 235 § 1 Abs. 2 EGBGB.

7. Die Staatsangehörigkeit des Kindes nicht verheirateter Eltern

Der Erwerb der Staatsangehörigkeit richtet sich jeweils nach dem Recht des Staates, dessen Staatsangehörigkeit erworben werden soll. *208*

Besitzt ein Elternteil die deutsche Staatsangehörigkeit, so erwirbt das Kind diese Staatsangehörigkeit mit seiner Geburt, §§ 3 Nr. 1, 4 Abs. 1 Satz 1 StAG. Soweit es sich bei dem deutschen Staatsangehörigen um den Vater handelt, ist jedoch erforderlich, das ihm das Kind bereits zugeordnet wurde (dazu oben 2.3). Ansonsten erwirbt das Kind die Staatsangehörigkeit erst nach Anerkennung oder Feststellung der Vaterschaft, § 4 Abs. 1 Satz 2 StAG.

Ein Kind ausländischer Eltern kann mit der Geburt die deutsche Staatsangehörigkeit erwerben, § 4 Abs. 3 StAG, wenn ein Elternteil

– seit acht Jahren seinen gewöhnlichen Aufenthalt in Deutschland hat und

– eine Aufenthaltsberechtigung oder seit drei Jahren eine unbefristete Aufenthaltserlaubnis besitzt.

Wenn es sich bei dem Elternteil um den Vater handelt, ist auch hier die Zuordnung des Kindes zum Vater, § 1592 Nr. 2 und 3 BGB, erforderlich.

Literaturverzeichnis

Bäumel, Dieter/Bienwald, Werner/Häußermann, Rose (Hrsg.); Familien-rechtsreformkommentar, Bielefeld 1998 (FamRefK/Bearbeiter § Rn.)

Büttner, Helmut; Unterhalt für die nichteheliche Mutter, FamRZ 2000, S. 781

Coester, Michael; Elternrecht des Vaters und Adoption, FamRZ 1995, S. 1248

Diederichsen, Uwe; Die Reform des Kindschafts- und Beistandschafts-rechts, NJW 1998, S. 1977

Dose, Hans Joachim; Einstweiliger Rechtsschutz in Familiensachen, Zu-lässigkeit – Verfahren – Vollstreckung – Kosten, Berlin 2000 (Dose Rn.)

Erman, Walter/Westermann, Harm Peter (Hrsg.); Bürgerliches Recht, 10. Auflage, Köln 2000 (Erman/Bearbeiter § Rn.)

Gerhardt, Peter/von Heintschel-Heinegg, Bernd/Klein, Michael (Hrsg.); Handbuch des Fachanwalts Familienrecht, 3. Auflage, 2001 (FA-FamR/ Bearbeiter Kapitel/Rn.)

Gernhuber, Joachim/Coester-Waltjen, Dagmar; Lehrbuch des Familien-rechts, 4. Auflage, München 1994 (Gernhuber/Coester-Waltjen)

Göppinger, Horst/Wax, Peter; Unterhaltsrecht, 7. Auflage, Bielefeld 1999 (Göppinger/Wax Rn.)

Greßmann, Michael; Neues Kindschaftsrecht, FamRZ-Buch 6, Bielefeld 1998 (Greßmann, Rn.)

Hausmann, Rainer/Hohloch, Gerhard (Hrsg.); Das Recht der nichtehe-lichen Lebensgemeinschaft, Berlin 1999 (Hausmann/Hohloch/ Bearbei-ter Rn.)

Herlan, Ernst-Günther; Gesetzliche Empfängniszeit, FamRZ 1998, S. 1349

Klüsener, Bernd; Das neue Kindschaftsrecht, 3. Auflage, Bad Münsterei-fel 1999 (Klüsener)

Kraeft, Cindy; Vollstreckungsmaßnahmen nach § 33 FGG, FuR 2000, S. 357

Lipp, Martin/Wagenitz, Thomas; Das neue Kindschaftsrecht, Stuttgart 1999 (Lipp/Wagenitz § Rn.)

Münchener Kommentar zum Bürgerlichen Gesetzbuch, 4. Auflage, München 2000 ff (MünchKomm/Bearbeiter § Rn.)

Oelkers, Harald/Kreutzfeld, Gabriele; Die Ersetzung der Einwilligung nach § 1618 Satz 4 BGB, FamRZ 2000, S. 645

Oelkers, Harald; Sorge- und Umgangsrecht in der Praxis, Bonn 2000 (Oelkers Abschnitt/Rn.)

Palandt, Otto; Bürgerliches Recht, 60. Auflage, München 2001 (Palandt/ Bearbeiter § Rn.)

Schwab, Dieter (Hrsg.); Das neue Familienrecht, Systematische Darstellung zum KindRG, KindUG, EheschlRG und ErbgleichG, FamRZ-Buch 11, Bielefeld 1998 (NF/Bearbeiter S.)

Schwab, Dieter (Hrsg.); Handbuch des Scheidungsrechts, 4. Auflage, München 2000 (Schwab/Bearbeiter Teil/Rn.)

Schwab, Dieter/Wagenitz, Thomas; Familienrechtliche Gesetze, Synoptische Textausgabe mit KindRG, KindUG, EheschlRG, BtÄndG, MHbeG und einer Einführung in die Reformgesetze, 3. Auflage, Bielefeld 1999

Schwab, Dieter; Elterliche Sorge bei Trennung und Scheidung der Eltern – Die Neuregelung des Kindschaftsrechtsreformgesetzes, FamRZ 1998, S. 457

Schwab, Dieter; Familienrecht, 10. Auflage, München 1999 (Schwab Rn.)

Schwab, Dieter; Kindschaftsrechtsreform und notarielle Vertragsgestaltung, DNotZ 1998, S. 437

Schwab, Dieter; Parallel laufende Erklärungen, zugleich ein Beitrag zur Gesetzestechnik der Kindschaftsrechtsreform, in: Festschrift für Dieter Medicus zum 70. Geburtstag, Köln, Berlin, Bonn, München 1999, S. 587

Schwab, Dieter; Zivilrechtliche Schutzmöglichkeiten bei häuslicher Gewalt, FamRZ 1999, S. 1317

Soergel; Kommentar zum Bürgerlichen Gesetzbuch, 13. Auflage, Stuttgart 1999 ff (Soergel/Bearbeiter § Rn.)

Wagenitz, Thomas/Bornhofen, Heinrich; Familiennamensrechtsgesetz mit Materialien und ergänzenden Verwaltungsvorschriften, Frankfurt am Main 1994 (Wagenitz/Bornhofen § Rn.)

Wieser, Eberhard; Prozeßrechtskommentar zum Bürgerlichen Gesetzbuch, Köln 1999 (Wieser § Rn.)

Wieser, Eberhard; Zur Anfechtung der Vaterschaft nach neuem Recht, FamRZ 1998, S. 1004

Zöller, Richard; Zivilprozeßordnung, 22. Auflage, Köln 2000 (Zöller/Bearbeiter § Rn.)

Stichwortverzeichnis

(Die Zahlen verweisen auf die Randnummern)

A

Abänderung einer Entscheidung   106 f
Abstammung   2 ff, 64
Adoption   8 f
Alleinsorge
– der Mutter   72 ff
– des Vaters   83 ff
– nach Trennung   101 ff
Änderung des Geburtsnamens
– bei Alleinsorge   159 ff
– bei Änderung des Elternnamens   182
– bei gemeinsamer Sorge   163 ff
– bei Heirat der Eltern   167
– bei Heirat eines Elternteils   168 ff
– nach Vaterschaftsanfechtung   165 ff
Änderung des Vornamens   184
Anerkennung der Vaterschaft   13 ff
Anerkennungserklärung   14
Anfechtung der Vaterschaft   44 ff
Anhängigkeit der Scheidung   12
Anhörung   137, 175
Anwalt des Kindes   138
Auskunftsanspruch   123
Auskunftsklage   67

B

Bedürftigkeit   201
Begründetheit
– der feststellungsklage   29
– der Vaterschaftsfeststellung   37
Beistandschaft   26, 73 ff
Betreuungsunterhalt   192 f

E

Ehemann der Mutter   10
Einbenennung   168 ff
Einstweilige Anordnung   38, 196 f, 199
Einstweilige Verfügung   21, 38, 195, 199, 205
Einwilligung in die Namenserteilung   161 f
Eispende   7
Entbindungskosten   190
Entzug des Sorgerechts   35, 47, 67, 79 ff, 98

Entzug des Umgangsrechts   124 f
Erbrecht   206 f
Ergänzungspflegschaft   26, 35, 111 ff
Ersetzung der Zustimmung   173 ff
Erwerbsunfähigkeit   191

F

Feststellung der Vaterschaft   31 ff, 75
Feststellungsinteresse   28
Feststellungsklage   24 ff, 66
Form
– der Anerkennung   19
– der Sorgeerklärung   91
Frist für die Anfechtung   52 ff

G

Gebühren   30, 42, 62, 121, 144, 179
Geburtsname des Kindes   149 ff
– bei Alleinsorge   157 ff
– bei gemeinsam sorgeberechtigten Eltern   151 ff
– bei geschiedenen Eltern   150
Gemeinsame Sorge   85, 86 ff, 95, 99 f
Getrenntleben der Eltern   83

H

Heilung   20
Heirat der Eltern   86
Hemmung des fristlaufs   54
Herausgabe des Kindes   71

I

Insemination (heterologe)   10, 49 f
Internationale Zuständigkeit   6, 130 ff
Internationales Kindschaftsrecht   3 ff
Internationales Namensrecht   148
Internationales Sorgerecht   69

K

Kenntnis der Abstammung   64
Kindesunterhalt   200 ff
Kindeswohlprüfung   104 f, 128, 176 f
Kindesentführungsabkommen   131

L

Lebenspartnerschaft   82, 127, 167, 182, 194
Leihmutter   7
Leistungsfähigkeit   202
Leistungsverfügung   199

M

Mediation   120
Minderjährigenschutzabkommen   69
Mutterschaft   7 f
Mutterschaftsfeststellungsprozeß   7, 65
Mutterschutz   189

N

Nebenintervention   27, 36, 48

P

Parteien
– bei der Anfechtungsklage   46
– bei der feststellungsklage   26
– bei der
   Vaterschaftsfeststellungsklage   34 ff
Personensorge   70
Prozeßkosten   30, 40 f, 60 f
Prozeßkostenhilfe   38, 41, 61, 146, 178
Prozeßkostenvorschuß   40, 60, 145

R

Rang   194
Rechtsanwalt (Beiordnung)   41
Rechtsfolgen
– der Anerkennung   21 ff
– der Anfechtung   57 f
Rechtsmittel   30, 39, 115, 140 f, 180
Regelbetragsunterhalt   204
Regreßanspruch   58
Restitutionsgrund   17, 63
Restitutionsklage   63
Ruhen der Sorge   78, 84, 96, 109

S

Selbstbehalt   202
Scheidungsverfahren   12
Schutz der gewohnten Umgebung   82, 84
Schwangerschaftskosten   190
Sorgeerklärung   87 ff
Sorgerecht   68 ff
Staatsangehörigkeit   208
Statusklage   65
Stieffamilie   82, 84
Streitverkündung   27, 36

T

Tod
– des Ehemannes   11
– der Mutter   77
– des Vaters   84
– einer Partei   26, 46
– eines Elternteils   96, 108, 152
Trennung der Eltern   99

U

Umgangsrecht
– anderer Personen   127 ff
– der Eltern   117 ff
– des Kindes   117
Umgangsregelung   118 ff
Unterhalt   32, 38, 50, 57, 75,
   185 ff
– des Kindes   200 ff
– der nicht verheirateten Mutter   186 ff
– des nicht verheirateten Vaters   198 f
Unterhaltstatbestände   188 ff

V

Vaterschaft   9 ff
Vaterschaftsfeststellung   31 ff, 75
Vaterschaftsvermutung   37, 55 f
Verbund nach § 653 ZPO   32
Verfahrenspfleger   138
Vermittlungsverfahren   120
Vermögenssorge   70
Vertretung
– bei der Anerkennung   18
– bei der Anfechtung   51
– bei der Sorgeerklärung   90
Vollbeweis   37
Vollstreckung   142 f
Vorläufige Anordnung   139
Vormundschaft   110
Vorname   183 f

Z

Zuname   149 ff
Zuständigkeit   25, 33, 45, 102, 112,
   118, 130 ff, 152, 174,
   187, 204
Zustimmung
– zur Anerkennung   15
– zur Namensänderung   155, 166, 171 f
– zur Sorgerechtsübertragung   83, 103